U0548020

Economic Analysis of Tort Law

# 侵权法的经济学分析

李 婧 ◎ 著

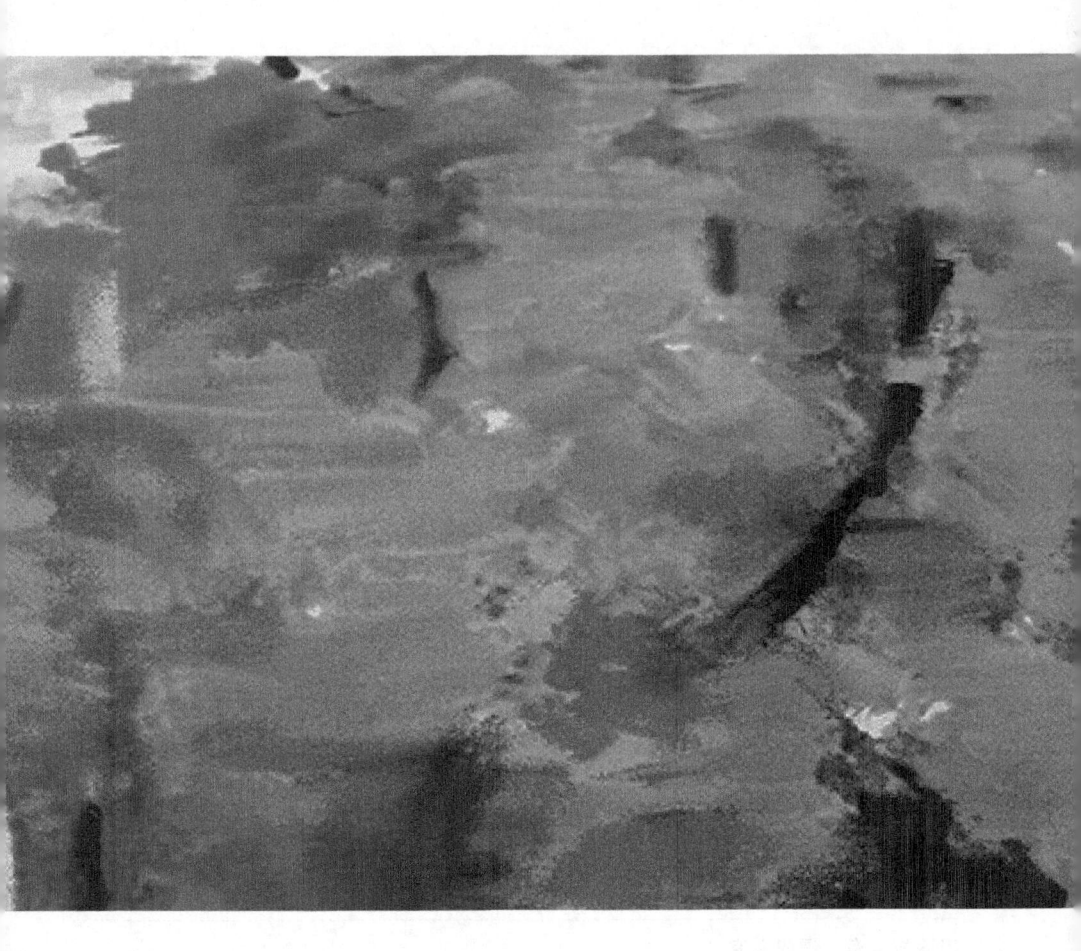

知识产权出版社
全国百佳图书出版单位

图书在版编目（CIP）数据

侵权法的经济学分析／李婧著．—北京：知识产权出版社，2016.8
ISBN 978-7-5130-4389-2

Ⅰ.①侵… Ⅱ.①李… Ⅲ.①侵权法—经济分析—中国 Ⅳ.①D923.74

中国版本图书馆 CIP 数据核字（2016）第 195267 号

| 责任编辑：李燕芬 | 责任出版：刘译文 |
|---|---|
| 特约编辑：于 淼 | 封面设计：河上图文 |

# 侵权法的经济学分析

李婧 著

| 出版发行 | 知识产权出版社 有限责任公司 | 网　址：http://www.ipph.cn |
|---|---|---|
| 社　　址 | 北京市海淀区西外太平庄 55 号 | 邮　编：100081 |
| 责编电话 | 010-82000860 转 8173 | 责编邮箱：nancylee688@163.com |
| 发行电话 | 010-82000860 转 8101/8102 | 发行传真：010-82000893/82005070/82000270 |
| 印　　刷 | 北京建宏印刷有限公司 | 经　销：各大网上书店、新华书店及相关专业书店 |
| 开　　本 | 787mm×1092mm　1/16 | 印　张：15.25 |
| 版　　次 | 2016 年 8 月第 1 版 | 印　次：2018 年 2 月第 2 次印刷 |
| 字　　数 | 188 千字 | 定　价：48.00 元 |

ISBN 978-7-5130-4389-2

出版权专有　侵权必究

如有印装质量问题，本社负责调换。

# 序

　　初识李婧是通过她于 2002 年 3 月 22 日写给我的信，信中说，她是青岛大学 98 级经济法三班的一名学生，在读期间获得了一系列荣誉，英语是专业八级，为"满足自己的求知欲"报考了国际私法方向研究生。她从网上查阅了一些资料，她说"我知道在您那儿可以学到好多好多东西，跟着您学，绝不会平平庸庸一辈子的"，还说"读您的论文有种如沐春风的感觉，那种豁然开朗之感，每当我读完一篇您所写的论文之后，都会产生"。她还让一位同学复印了我授课的课堂笔记，她说"不知老师是否还记得您在讲'法律冲突'时最后所做的总结：如果把'法律冲突'比作'阑尾炎'的话，那么冲突规范的解决方法是'消炎'的方法，统一实体规范的解决方法则是'割掉阑尾'的方法。我不知道国际私法的课原来可以这么讲！"……考生的真诚认同对我是一种激励，我继而获悉在当年国际法专业的考生中她的成绩名列前茅，于是我们之间开启了教学相长的师生之缘。2005年7月，她于吉林大学法学院获得法学硕士学位后又考入吉林大学经济学院攻读博士学位，成为我以经济学院"双聘教授"、博士生导师身份招收的一名法经济学博士生，2009年获得经济学博士学位。本书即是在其博士学位论文基础上修改完善而成的。

  侵权法是关于如何对侵权行为进行定义和分类、如何界定侵权责任、如何对侵权损害后果进行补救的民事法律规范的总称。它作为民事法律制度的重要组成部分，在保障民事权益、构筑生活秩序、促进社会发展方面有着极其重要的作用。一般来讲，侵权法承载着民事权益保护和个人行为自由双重价值目标，由此决定了侵权法的制定和完善需要以如下两方面目的为旨求：一是保护被侵权人；二是减少侵权行为。前者体现了侵权法的赔偿功能，后者则更多地体现为侵权法的预防功能。学者们对侵权法的功能有着不同的关注和侧重，并从不同视角对侵权法进行分析，在论证侵权法的正当性时形成了矫正正义理论和经济分析理论两大派别。源自亚里士多德正义观中的矫正正义是指对不当行为造成的不公进行补偿和纠正的一种符合正义要求的规则和原则，正是因为侵权法中蕴含着丰富的道德元素以及那些被相信可以作为侵权法规范的正义观念，所以矫正正义理论一直占据着侵权法理论研究的主流地位，侵害人与受害人之间的所得与所失，依据矫正正义导致损害与赔偿，从而达到法律的正义。与之相对，经济分析理论则试图赋予侵权法一种经济学解释。在该理论看来，对损害做出赔偿还是任其留在原处取决于对经济效率的考量，有效的侵权法规则能够最大限度地防止损害事故的发生进而降低社会成本。由此，预防成为经济分析理论所认可的侵权法的基本功能——受害人应否受到赔偿以及赔偿数额的多少并不取决于其是否被过错行为所侵害，而是取决于该判决的作出是否可以避免预防不足和预防过度。此外，受害人提起侵权诉讼不仅是为了维护自身利益，而且也是为了降低社会成本。

侵权法虽然是国外法经济学学者关注的重要领域，但在国内却鲜有学者运用经济学的理论和方法对侵权法进行深入和系统的分析。李婧博士的专著《侵权法的经济学分析》选择从经济学视角对侵权法进行研究，呈现出一种新的分析进路，具有重要的学术价值。专著在回顾侵权法经济学分析历史的基础上，基于法经济学的经济人、效用最大化和稀缺性三个基本假设，以波斯纳定理、帕累托最优标准、卡尔多—希克斯效率标准和理性选择理论为指导，运用个人主义方法论、实证分析、规范分析、激励分析、均衡分析和博弈论等法经济学分析工具，对侵权法加以"观照"。其研究的重点不仅包含侵权行为构成要件、归责原则和损害赔偿等侵权实体规则，而且还将视角延伸至侵权法律适用领域，并在此基础上，针对我国侵权法律制度，评析了存在的不足，提出了完善建议。在本书中，李婧博士通过经济学分析和解释，得出了一些有关侵权法的认识和结论。比如就侵权行为归责原则提出了如下见解：第一，无论单方事故还是双方事故，过错责任归责原则均可以发挥引导侵害人和受害人采取有效预防的激励，所以过错责任归责原则理应成为侵权法的基本归责原则。但是，在适用过错责任归责原则时，假如侵害人和受害人各自的预防成本均低于预期事故损失，则应适用比较过错抗辩。第二，对于仅由侵害人能够采取预防措施予以避免的单方事故，严格责任归责原则可以发挥有效预防激励，所以具有侵害人单方预防性的事故应适用严格责任归责原则。但是，当存在双边预防的可能性时则应适用比较过错抗辩。又如在人身损害赔偿方面，分析了人身损害赔偿标准的不完全性，提出该类侵害行为的负外部性因为无法实现完全内部化，所以应该引入精神损害赔偿，并且对于严重侵权行为，还应考虑增加惩罚性损害赔偿，以此增加侵害人成本，促使侵害人采取较高水平的预防。再如在侵权法律适用问题上，提出侵权法律适用规则的经济学分析存在着注重事故成本最小化的私人效率视角与注重国家实体政策、规制利益最大化的国家规制视角之间的对峙。基于效率视角的分析，认为允许当事人协议选择侵权准据法，可以避开那些无效率的侵权实体法，确保更有效率的侵权实体法得以适用，不仅有利于降低交易成本和诉讼成本，而且有利于实现国家之间的帕累托最优。基于规制视角的分析，认为涉外侵权法律适用规则应该使得一国与此相关的政府规制政策利益得以实施并在实施过程中实现成本最小化、收益最大化，即是否选择一种连结点以及在多种连结点之间如何确定主次顺序，在于考察该连结点是否具有相关规制利益以及规制利益的大小。

法经济学是一门新兴交叉学科，已经吸引了越来越多学者的关注。李婧博士的专著既为这一领域增添了值得肯定的成果，又为侵权法的研究开拓了更为广阔的境界。作为导师，我对本书的出版和李婧所取得的成就感到欣慰！

李婧，敏而好学，作风踏实，品学兼优。我一直希望她能够任职高校、专事学术——这也是她本人的志趣所在。无奈，我们的大学现在要求任教者须有这样那样的"身份"条件，这使她与高校只能是"长相知，勿相忘"。博士研究生毕业后，她心系法治理想，胸怀报国之志，考入吉林省高级人民法院从事审判工作。她的学术功底和专业素养使她在分析和解决司法实践问题的过程中已经崭露头角，常得赞赏。工作之余，她笔耕不辍，已有多篇论文获得重要奖项并发表于核心期刊。

记得1977年11月我参加"文革"结束后第一次高考的语文试卷附加题是赏析龚自珍的诗《己亥杂诗·其二百二十》，其中的名句四十年来不时在我心中回荡："我劝天公重抖擞，不拘一格降人才。"本书付梓之际，正值中央提出建设"世界一流大学和一流学科"方案之时，我想，无论是一流大学还是一流学科，都必须建立在"一流人才"之上，否则便是无源之水、无本之木，便是"泡沫"，而

"一流人才"的标准不应该是某些框定的规格,更不应该是某些个人的偏好,而应该是客观实在的素养和表现。或许,李婧的学术梦可以做得更香甜了!

"夜耕者是最先迎接曙光的人,也是把明天掌握在自己手中的人。"这是我于昨天就李婧在微信朋友圈中发布的熬夜信息所做的评论。以此结序。

吕岩峰

2016年8月9日

半亩园·日月和春居

# 前　言

　　侵权法律制度属于民事基本法律制度，是保障民事权益、维护经济秩序、构建和谐社会的基本规范。它承载着民事权益的保护和人的行为自由双重价值目标，由此决定了侵权法律制度的建立和完善需要满足两个方面的目的：一是保护被侵权人；二是减少侵权行为。从经济学角度对侵权法进行分析和研究，对于我国侵权法律制度的完善具有重要的现实意义：笔者拟对侵权法进行系统的经济学分析，采用法经济学的研究方法对侵权行为的界定、归责原则、损害赔偿及法律适用等相关问题从经济学的视角进行论证，赋予其存在的经济合理性，并审视我国侵权法律制度，通过分析其中存在的立法不足进而提出完善的建议。

　　从经济学视角分析侵权法，具有以下四个方面的理论意义：

　　第一，关于侵权行为的界定，笔者拟在前人研究的基础上，使用实证分析和规范分析两种研究方法，对界定侵权行为的三大要件，即损害、因果关系和过错进行系统的经济学分析,从而为侵权行为的界定提供一种全新的思路和见解。

第二,关于侵权行为归责原则,笔者基于经济学的视角,分别分析了三种归责原则是否能够为当事人提供有效预防的激励机制,确定出何种归责原则在何种预防条件下属于最优的选择。

第三,关于侵权损害赔偿,从经济学角度考虑,侵权法律制度设定损害赔偿的目的是促使行为人采取最优的注意水平和最优的行为水平,从而实现帕累托最优和社会效用最大化。笔者从经济学角度对影响损害赔偿的各种因素存在的合理性进行分析,并对损害赔偿法律制度发挥作用的机制进行阐述,具有重要的理论意义。

第四,关于侵权法律适用,笔者区分私人视角和国家视角,对侵权法律适用领域中,体现属地主义的侵权行为地法,体现属人主义的当事人共同住所地法和体现自治思想的当事人意思自治原则分别进行了经济学分析,具有重要的理论意义。

本书围绕侵权法四个核心问题展开:一是侵权行为的构成要件问题;二是侵权归责原则问题;三是侵权损害赔偿问题;四是侵权法律适用问题。首先,使用法经济学的相关研究方法,结合相关法经济学理论,对侵权行为的三个构成要件,即损害、因果关系和过错,进行了系统的分析和论证。其次,区分单方事故和双方事故,分别分析了无责任归责原则、过错责任归责原则和严格责任归责原则对行为人采取注意的程度和从事行为的水平所产生的不同激励作用,分析在这些归责原则的规制下,是否能够实现均衡?能否达到社会最优状态?对于侵权损害赔偿问题,则是结合归责原则和损失形态,论证了不同形态损失应该确立的赔偿规则。对于侵权法律适用问题,则是区分私人视角和国家视角,对不同的侵权法律适用规则进行了简要分析。在上述论证的基础上,笔者针对我国侵权法律制度存在的立法缺陷,又提出了完善建议。

本书分为前言和正文两大部分。前言的内容包括选题的意义、论文的写作思路、结构安排、创新与不足五个部分。

正文分为七章：

第一章，侵权法经济学分析的文献综述。本章主要是通过对相关文献的梳理，了解该领域的研究进展，从而明确本书的研究方向和研究内容。

第二章，侵权法分析的法经济学理论基础和研究方法。本章论述了侵权法分析的法经济学理论基础和研究方法。从法经济学的渊源和发展、基本理论、基本假设和基本方法四个方面，对与侵权法分析相关的法经济学知识进行了简要系统的分析，为本书的研究奠定了理论基础。

第三章，侵权行为构成要件的经济学分析。本章从经济学的视角对侵权行为的三个构成要件，即损害、因果关系和过错，进行了系统的分析和论证。

第四章，归责原则 VS 预防激励。本章区分单方事故和双方事故，分别分析不同归责原则对行为人采取注意的程度和从事行为的水平所产生的不同激励作用。

第五章，侵权损害赔偿经济学分析。本章结合归责原则和损失形态对损害赔偿金额的确定进行了论证。区分可替代损害和不可替代损害两种形态的损害，论述相关损害赔偿规则是否可以达到实现社会成本最小化和最优预防激励的效果。在这一章的最后部分，又专门阐述了惩罚性损害赔偿金存在的经济合理性。

第六章，侵权法律适用的经济学分析。本章基于国际私法经济学分析的两个视角，首先，阐述了侵权法律适用的经济学原理，即实现事故成本最小化以及国内实体政策和规制利益的最大化。其次，论述了侵权行为地法和当事人共同住所地法两种不同的侵权法律适用规则存在的经济合理性。最后，从经济学视角论证了当事人意思自治原则在侵权法律冲突领域适用的合理理由。

第七章，对我国侵权法律制度的评析和建议。本章旨在前文对侵权法进行系统经济学分析的基础上，分别对《侵权责任法》规定的侵权实体规则和《涉外民事关系法律适用法》规定的侵权冲突规则进行经济学评析，通过分析其中存在的立法不足进而提出完善建议。

本书创新之处体现在以下两点：其一，本书试图从经济学视角对侵权法进行全面的分析和研究，不仅对侵权实体法律规则进行了经济学分析，而且还对侵权法律适用的经济学原理进行了简要阐述，与以往的研究相比，更具系统性；其二，本书在对侵权法领域中侵权行为的构成要件、归责原则、损害赔偿和法律适用四个核心问题进行系统经济学分析的基础上，针对我国的侵权法律制度存在的立法不足，提出了完善建议。

本书的不足之处在于，因篇幅所限，笔者仅对侵权法理论问题进行分析和研究，没有详细论述具体侵权行为类型。并且，因研究能力所限，笔者在本书最后一章为我国侵权法制建设所提出的立法建议，没有进行实证检验，在一定程度上影响了本书的说服力，笔者今后将在这方面做进一步的努力。

# 目 录

**第一章 侵权法经济学分析的文献综述** /1
 第一节 侵权法经济学分析理论研究进程综述 /1
 第二节 侵权行为构成要件的经济学研究综述 /4
  一、损害 /5
  二、因果关系 /6
  三、过错 /7
 第三节 侵权行为归责原则的经济学分析综述 /8
  一、过错责任归责原则的经济学分析 /8
  二、严格责任归责原则的经济学分析 /10
 第四节 侵权损害赔偿的经济学分析综述 /10
  一、过错责任归责原则下最优可替代损害赔偿的经济学分析 /10

二、严格责任归责原则下最优可替代损害赔偿的
　　　　经济学分析　/12
第五节　侵权法律适用的经济学分析综述　/14
　　一、巴克斯特与比较损害说　/14
　　二、波斯纳与比较规制优势说　/16
　　三、对侵权法律适用规则的实证分析　/17
　　四、温考克——凯伊丝与政策和实用主义理论　/18
　　五、奥哈拉——里波斯坦与当事人意思自治原则　/20
第六节　小结　/21

# 第二章　侵权法分析的法经济学理论基础和研究方法　/23

第一节　法经济学的发展轨迹　/23
　　一、法经济学的理论渊源　/24
　　二、法经济学的发展历程　/30
第二节　与侵权法分析相关的法经济学基本理论　/34
　　一、波斯纳定理（Posner Theorem）　/34
　　二、帕累托最优标准（Pareto Optimality Criterion）　/35
　　三、卡尔多——希克斯效率标准
　　　　（Kaldor-Hicks Efficiency Criterion）　/36
　　四、理性选择理论（Rational Choice Perspective）　/37
第三节　与侵权法分析相关的法经济学基本假设　/40
　　一、经济人假设　/40
　　二、效用最大化假设　/42
　　三、稀缺性假设　/42
第四节　与侵权法分析相关的法经济学基本方法　/43
　　一、个人主义方法论　/43
　　二、实证分析方法和规范分析方法相结合　/45
　　三、激励分析方法　/47

  四、均衡分析方法 /48
  五、博弈论方法 /49
 第五节 小结 /50

**第三章 侵权行为构成要件的经济学分析 /51**
 第一节 损害——基于威慑效能分析 /51
  一、侵害人收益 Vs 受害人损失 /51
  二、事前安全规制 Vs 事后损害责任 /57
 第二节 因果关系 /58
  一、事实原因和近因 /59
  二、因果关系和最优注意水平 /60
  三、因果关系中的不确定性 /63
  四、不可预见性 /68
 第三节 过错 /69
  一、汉德公式——确定过错的标准 /69
  二、确定过错的相关因素 /73
 第四节 小结 /75

**第四章 归责原则 Vs 预防激励 /80**
 第一节 注意水平 /81
  一、单方事故 /81
  二、双方事故 /88
 第二节 行为水平 /94
  一、单方事故 /96
  二、双方事故 /98
 第三节 小结 /102

**第五章 侵权损害赔偿的经济学分析 /107**
 第一节 可替代损害之损害赔偿的经济学分析 /109
  一、归责原则 Vs 损害赔偿 /109

二、与确定损害赔偿相关的因素　　/ 112
　第二节　不可替代损害之损害赔偿经济学分析　　/ 118
　　一、最优赔偿规则　　/ 118
　　二、有效威慑 Vs 风险分散　　/ 124
　第三节　惩罚性损害赔偿金存在的经济合理性　　/ 125
　　一、通过引导受害人积极追偿而达到最优威慑　　/ 126
　　二、校正损失计算错误所致的补偿不足　　/ 127
　　三、制止侵害人从事获得违法效用的侵权行为　　/ 127
　　四、鼓励市场交易　　/ 127
　　五、基于惩罚侵害人的目的　　/ 128
　第四节　小结　　/ 129

第六章　侵权法律适用的经济学分析　　/ 135
　第一节　分析模式：私人视角 Vs 国家视角　　/ 135
　　一、私人视角：实现事故成本最小化　　/ 135
　　二、国家视角：实现内国实体政策和规制利益的最大化　　/ 140
　第二节　侵权行为地法（Lex Loci Delicti）Vs 当事人共同住所地法（Law of Common Domicile of Parties）　　/ 143
　　一、适用侵权行为地法的经济合理性　　/ 145
　　二、适用当事人共同住所地法的经济理由　　/ 146
　第三节　当事人意思自治（Party Autonomy）　　/ 147
　　一、私人视角下事前选择方式和事后选择方式的对比分析　　/ 148
　　二、国家视角下事前选择方式和事后选择方式的对比分析　　/ 150
　第四节　小结　　/ 152

第七章　对我国侵权法律制度的评析和建议　/ 156
　　第一节　我国侵权实体法规则之经济学评析　/ 156
　　　　一、预防性侵权责任的立法评析和完善建议　/ 157
　　　　二、补偿性侵权责任的立法评析和完善建议　/ 162
　　第二节　我国侵权法律适用规则之经济学评析　/ 178
　　　　一、效率视角下的当事人意思自治原则　/ 179
　　　　二、规制视角下的属地法和属人法之争　/ 184
　　第三节　小结　/ 192
结　论　/ 198
参考文献　/ 202
　　一、中文类　/ 202
　　二、外文类　/ 211
主要科研成果　/ 223
后记　/ 225

# 第一章　侵权法经济学分析的文献综述

## 第一节　侵权法经济学分析理论研究进程综述

侵权法经济学分析早期思想来源于杰里米·边沁（Jeremy Bentham）（1789）、奥利弗·温德尔·霍姆斯（Oliver Wendell Holmes）（1881）、詹姆斯·巴尔·艾米斯（James Barr Ames）（1908）和海瑞·T. 特里（Herry T. Terry）（1915）等所提出的"功利主义原则"。边沁是第一个将经济学运用于法律来规制非市场行为的人。[1] 霍姆斯则认为，从侵权法的标准来看，过错责任和严格责任的唯一区别在于后者提供了一个事故保险的形式。[2] 艾米斯论述了侵权法是

---

[1] 威廉·M. 兰德斯，理查德·A. 波斯纳. 侵权法的经济结构（序言）[M]. 王强，杨媛，译. 北京：北京大学出版社，2005：4.

[2] Holmes Oliver Wendell Jr.. The Common Law [M]. Cambridge, Mass.：Harvard University Press,1881：94-96.

"功利主义"的①,尽管他并没有解释他使用这个术语是什么意思。特里从有用性的平衡方面出发描述了过错责任标准②。

对侵权法进行开创性经济学研究始于20世纪60年代。这一时期代表性人物是罗纳德·哈利·科斯（Ronald Harry Coase）（1960）和盖多·卡拉布雷西（Guido Calabresi）（1961）。分析的起源来自边沁的观点，即人们在生活的各个领域都将效用最大化。③ 虽然这暗示责任原则可能用来影响意外事故的发生率，但是，边沁自己并未评论这层含义。现代经济学方法融入侵权法的一个更加直接的起点是社会成本概念，或者因为阿瑟·塞西尔·庇古（Arthur Cecil Pigou）的清楚阐述而引人注目的外部成本概念。庇古在所列举的一个关于火车头产生的火花损害了沿铁路边的农作物的例子中分析了社会成本与私人成本的潜在分歧。他认为，农作物的损害，对铁路而言不是一个私人成本的问题，并且只有私人成本才能决定行为。但是它是社会成本，因为农民是社会的一个成员，如同铁路一样。因此，除非找到一些方法强迫铁路部门将这一成本内部化，否则会有过多或过于大意的铁路铺设。④

也许因为庇古自己认为要强制使成本内部化的适当方法是征税，他没有讨论侵权行为的责任问题。社会成本分析直到科斯和卡拉布雷西的文章出现后才被适用于侵权法。科斯的文章以其对庇古见解的批评而著称。科斯（1960）指出，如果交易成本是零，那么在庇古的关于火车头产生火花的例子中，铁路和农民会进行磋商直至实现资源的有效配置，而不论铁路是否对农作物的损害负有责任。这

---

① Ames James Barr. Law and Morals[J]. Hav. L. Rev. ,1908,22(97):110.
② Terry Herry T. . Negligence[J]. Hav. L. Rev. ,1915,29(40):40-42.
③ Bentham Jeremy. A Fragment on Government and an Introduction to the Principles of Morals and Legislation[M]. W. Harrison ed. . Oxford:Basil Blackwell,1948:125,298.
④ Pigou A. C. . The Economics of Welfare[M]. 4th ed. . London:Macmillan and Co. ,1932:134,192.

一重要的理论洞见被称为科斯定理。他认为，因为具有较高的交易成本，所以侵权法与分配效率紧密关联。①

卡拉布雷西（1961）主要的兴趣并没有集中在法院如何（或者是否）试着使用侵权法原则以使意外事故的成本内部化。他从主要原理开始构造一个全新的、有效率的处理意外事故的法律系统，即侵权法系统，而不是评价一个已经存在的有关系统。他的主要贡献主要表现在对侵权法中的财产权利和责任原则以及因果关系的原则之间的联系和区别方面。② 此外，卡拉布雷西（1970）还指出，事故法能够降低三种类型的成本：第一类事故成本是受害者损失，即（通过增加注意水平和降低危险行为的行为水平）避免损害发生所花费的成本应当与受害者遭受的损失相协调，实现成本总和的最小化。假如承担第一种事故成本的人属于风险厌恶者，就会产生第二类事故成本。在这种情况下，任何一种将第一类事故成本转移到最不愿意承担风险一方的风险均会带来社会利益。第三类成本包括因使用法律制度解决侵权案件而产生的所有管理成本。很明显，需要在降低第一类事故成本、综合保险范围和降低法律制度成本等各因素之间进行权衡。任何一部侵权法都是综合权衡这些因素而确定的。因所处历史时期及所需法律秩序的不同，对于这些因素的选择也各不相同，这有赖于私人保险市场的发展程度和法院公正处理信息的能力程度。③

伴随着科斯和卡拉布雷西文章出版之后长达 10 年之久的争论，直到今天，关于侵权法经济学分析理论一直存在着两种不同的观点，大致都能追溯到科斯和卡拉布雷西的文章。卡拉布雷西粗略地构建

---

① Coase R. H.. The Problem of Social Cost[J]. J. Law & Econ.,1960(1):3.
② Calabresi Guido. Some Thoughts on Risk Distribution and the Law of Torts[J]. Yale L. J.,1961(70):499.
③ Calabresi Guido. The Cost of Accidents:A Legal and Economic Analysis[M]. New Haven:Yale University Press,1970:340.

了一个有效率的意外事故法的模型，彼得·A. 戴尔孟德（Peter A. Diamond）[①]和其他的理论经济学家们相继对它加以具体化。科斯表明普通法是一个内部化社会成本的机制，哈罗德·德姆塞茨（Harold Demsetz）发展了这一观点。[②]理查德·A. 波斯纳（Richard A. Posner）在其1972年所著的一篇以研究1500多份19世纪后半期和20世纪前期的侵权法案例为基础的文章中论证道：过错责任标准自身和许多相关的原则（比较过错责任归责原则、最后明显机会原则、自担风险原则以及其他原则）都是实现资源为了安全和谨慎的目标而进行有效配置的方法。[③]后来波斯纳又在其于1972年出版的《法律的经济分析》（第1版）和1973年发表的《严格责任评论》[④]中，将分析扩展到对严格责任的分析。同年，约翰·布朗（John Brown）正式对责任原则进行了分析。[⑤]此后，其他的法律经济分析学家，尤其是斯蒂文·萨维尔（Steven Shavell），从验证它们的效率的视角，分析了侵权法的各个领域。

## 第二节　侵权行为构成要件的经济学研究综述

有效意味着社会成本最小化，此时的预防水平达到最优。侵权

---

[①] 彼得·A. 戴尔孟德（Peter A. Diamond）的相关论著有：Diamond Peter A.. Single Activity Accidents[J]. J. Legal Stud. ,1974(3):107. Diamond Peter A.. Accident Law and Resource Allocation[J]. Bell J. Econ. & Mgmt. Sci. ,1974(5):366. Diamond Peter A. ,James A. Mirrlees. On the Assignment of Liability:The Uniform Case[J]. Bell J. Econ. & Mgmt. Sci. ,1975(6):487.

[②] Harold Demsetz. Issue in Automobile Accidents and Reparation from the Viewpoint of Economics[J]// Charles O. Gregory, Harry Kalven, Jr.. Cases and Materials on Torts. 2 nd ed.. Boston:Little,Brown & Company,1969:870.

[③] Posner Richard A.. A Theory of Negligence[J]. J. Legal Stud. ,1972(1):29.

[④] Posner Richard A.. Strict Liability:A Comment[J]. J. Legal Stud. ,1973(205):92－95.

[⑤] Brown John Prather. Toward an Economic Theory of Liability[J]. J. Legal Stud. ,1973(2):323－349.

法律制度应当为人们提供一种选择最优预防水平的激励机制。侵权行为的构成要件有三：有损害的发生、行为和损害结果之间要有因果关系、行为人有过错。大多数学者就是从经济学的角度对这三个要件分别加以论述，分析侵权法规则是否已经建立起一种促使人们采取有效预防措施的激励机制、效率等价法则和行为水平法则。

一、损害

界定侵权的第一个因素是损害，关于损害的经济学分析包含两个方面：一方面，发生损害是要求侵害人承担损害赔偿责任的条件；另一方面，损害是确定损害赔偿数量的标准。受害人要想获得赔偿，必要条件之一就是受到了损害。无损害则无责任。经济学把损害解释成受害人效用水平的降低。但是，并非所有的损害都会导致侵害人承担责任。法学和经济学对损害的界定有所不同，法学把应该获得赔偿的损害界定为违反法律的行为对受害人造成了不公平的损害。经济学则是从社会的角度来界定损害的，认为只要损害包含了社会成本就应当获得赔偿。

詹尼弗·阿伦（Jennifer Arlen）（2000）指出，损害作为确定损害赔偿金的标准，包含两层含义：一是对促使侵害人尽到合理注意义务的激励机制产生影响；二是确定了由谁来承担事故风险。经济学是在对上述两方面加以考虑的基础上确定适当的损害赔偿金的。适当的损害赔偿金促使侵害人从主观上对预期事故成本加以预测并有效地行为。[①]

既然适当赔偿意味着受害人会获得与其所受到的损害相等的赔偿，因此，受害人对于意外事故的发生与否不甚关心。因为事故风

---

[①] Jennifer Arlen. Tort Damages[J]// Boudewijn Bouckaert, Gerrit De Geest. Encyclopedia of Law and Economics (Volume Ⅱ Civil Law and Economics). Cheltenham: Edward Elgar Publishing, 2000: 682 – 734.

险来自侵害人,受害人获得的赔偿金额应该足以使其恢复至未受损害前的状态,即受害人受损害前的财富应该与其受损害后的财富相等。但是,这一标准只能适用于死亡损害和严重的身体伤残,对于确定其他损害的赔偿金则是不合适的。另一个确定损害赔偿的标准是确定受害人为了避免不受损害而愿意支付的财富。这两个标准确定了受害人能否获得充分赔偿。另外,损害赔偿的范围会对侵害人采取预防措施的激励产生影响。因此,适当的损害赔偿标准能够促使侵害人正确地预测事故成本并有效地行为。

## 二、因果关系

界定侵权的第二个因素是因果关系,即侵害人的侵权行为与损害结果之间存在因果关系。奥马里·本-沙哈尔(Omri Ben-Shahar)(2000)指出,早期的法学和经济学在科斯之后,均将因果关系排除在界定侵权的因素之外。[①] 科斯(1960)和布朗(1973)认为,就因果关系来说,受到损害的人和侵害人的不法行为对于导致意外事故的发生同样必要,因此,受害人和不法行为才是事故发生的原因所在,从这个意义上来说,侵权责任的唯一决定因素应该是无效行为。[②]

威廉·M. 兰德斯(William M. Landes)和波斯纳于1983年从经济学的角度对因果关系的分析进行了一次成功尝试。他们认为,当侵害人的行为不能增加意外事故发生的几率时,则不能界定为侵权。也就是说,侵害人不从事此类被假定为侵权的行为,在其他条件相

---

[①] Ben-Shahar Omri. Causation and Foreseeability[J]// Boudewijn Bouckaert, Gerrit De Geest. Encyclopedia of Law and Economics (Volume Ⅱ Civil Law and Economics). Cheltenham: Edward Elgar Publishing, 2000:645.

[②] Coase R. H.. The Problem of Social Cost[J]. J. Law & Econ. ,1960(1):1-44. John Prather Brown. Toward an Economic Theory of Liability[J]. Journal of Legal Studies,1973(2):323-350.

同的情况下，导致意外事故发生的几率还是相同的话，那么，此类行为则不能认定为侵权。否则，如此设置的侵权法对侵害人的激励则不会取得降低预期事故成本的效果。①

萨维尔（1980b）认为，侵权法经济学分析把侵权因果关系中的原因限定为可追溯原因，即在事故发生之前，需要确定的问题是侵害人的行为是否存在引起事故发生的几率。这种限定为可追溯原因的做法与预期原因不同，并且范围也小于后者。预期原因，是指当事故发生后，需要确定的问题是假如侵害人不从事此类被假定为侵权的行为，是否还会发生意外事故。上述对因果关系的两种不同界定存在以下不同之处：后者是一种简单的假设测试，即假定侵害人已经引起意外事故的发生，而这种意外事故在侵害人不从事此类行为时则不会发生。而对于前者，不仅需要考虑意外事故已经发生的事实，而且还需要考虑在不同的情况下同样的意外事故是否也会发生。将侵权责任的范围限定为因侵害人的不法行为引起的意外事故实际已经发生，是基于以下两个目标：其一，通过限制被界定为侵权的案件数量可以降低侵权法律体制的管理成本；其二，对于侵害人是否采取预防行为对于意外事故发生的几率没有任何影响的所有案件，不再界定为侵权，从而避免资源的浪费。通过避免侵害人采取过多的预防措施，将侵权责任范围通过因果关系加以限定有利于侵权法律体制的效率，但是，对侵权责任的过多限制反过来也会导致侵害人预防不足。②

## 三、过错

界定侵权的第三个因素是过错。过错因素限定了行为人应采取

---

① 威廉·M. 兰德斯，理查德·A. 波斯纳. 侵权法的经济结构 [M]. 王强，杨媛，译. 北京：北京大学出版社，2005：249-255.

② Shavell Steven. An Analysis of Causation and the Scope of Liability in the Law of Torts [J]. Journal of Legal Studies, 1980(9): 463-516.

预防措施的适当水平。如果行为人采取预防的水平过低，则被认定为存在过错，从而构成侵权。如果行为人采取的预防水平等于或高于预防的适当水平，那么行为人就被认定为尽到了合理注意义务，没有构成侵权。

## 第三节　侵权行为归责原则的经济学分析综述

### 一、过错责任归责原则的经济学分析

侵权法经济学分析的显著特征在于其对"过错"的特别解释，考核标准是一个人的行为是否充分考虑到其他人的利益。一般来说，在侵权过程中具有过错是指在未充分考虑到其他人利益的情况下行为。一个理性的人行为时会充分地将其他人的利益考虑在内，并且据此调整自己的行为。过错即未做到一个理性人所具备的谨慎行事，并且未做到为保证不损害他人利益而进行合理的注意和有效的预防。经济学认为，过错是指未尽到适当注意（采取合理成本范围内的预防措施）的义务。当预防成本低于预期事故成本时，采取预防措施的成本则是合理的。因此，经济学把过错界定为未能采取成本合理的预防措施。

从经济学的角度来看，责任人承担的意外事故成本属于沉没成本。为此，需要将受害人承受的成本转移给其他人，这就需要建立一种促使个人适当投资于安全的成本承担机制和预防激励机制。当个人承担沉没成本将会产生降低成本的预期效果时，由个人承担沉没成本则是适当的。降低成本是首要目的，确定侵权责任关系则是第二位的。可以证实，拥有用于承担损害赔偿责任的财产可能与有效避免发生成本的财产有关。即使在这种情况下，对损失负有责任也不是责任产生的根基所在，而只是足以表明侵害人对属于责

任产生根基的财产享有所有权。除此之外，如果一个人拥有用于承担损害赔偿责任的财产，则此人应当为其造成的损害承担责任。经济学的观点是有过错的一方必须负担因其过错所造成的损害成本，因为他必须对此负责。将责任强加于有过错一方的目的在于正确发挥那些旨在激励被告或处于同等地位的人的权利激励机制的作用。

如果假定行为人是完全理性和有常识的，将责任施加于这些有过错的人将会对别人产生预期影响。如果假定行为人是完全理性的，那么基于经济学"合理性"的含义，则会使效益最大化，成本最小化。如果行为人是有常识的并且懂得责任成本和预防成本，那么所有的行为人则会选择成本最小化。预防成本和过错责任之间的关系如下：仅仅当预防成本低于预期的损害成本时，行为人属于有过错的。为了避免有过错，行为人则会以较低的成本采取预防措施。如果预防成本高于预期事故成本，那么行为人则不会采取预防措施，此时也不具有过错。当不会造成其他损害时，也无须承担受害人成本。因此，当采取预防措施产生的效益大于花费的成本时，一个理性且有常识的人都会选择采取预防措施。

关于过错责任归责原则的经济学分析，经济学家还分析了确定过错相关的因素，如萨维尔在其 1987 年所著的《事故法的经济分析》一书中，分析了与过错责任归责原则相关的三个因素：（1）主体之间的差异是否应导致合理注意标准的不同；（2）考虑到事先的预防的条件下过错责任的确定问题；（3）关于确定过错的不确定性和错误问题。[①]

---

① 斯蒂文·萨维尔. 事故法的经济分析 [M]. 翟继光, 译. 北京：北京大学出版社, 2004: 86-121.

## 二、严格责任归责原则的经济学分析

与过错责任归责原则相比，严格责任归责原则无须考虑侵害人是否会采取适当措施。严格责任归责原则下的侵害人必须承担其行为的所有成本（从事此行为的成本和其行为施加于别人的成本）。其所面临的问题则是，如何才能降低其所面临的成本？这主要取决于其所能采取的预防措施、采取措施所需花费的成本以及采取措施可能产生的预期效果。也就是说，如果采取预防措施的成本低于可能造成的损害成本，则是可以采取预防措施的，因为当采取预防措施的情况下所发生的全部成本低于不采取预防措施的情况下所发生的全部成本时，采取预防措施是合理的。因此，在严格责任归责原则下，也需要一种促使一个理性和有常识的人采取合理成本范围的预防措施的激励机制。与过错责任归责原则相比不同的是，过错责任归责原则下的不适合加以预防的意外事故的责任成本均产生于受害人一方，而严格责任归责原则下的不适合加以预防的意外事故的责任成本却产生于侵害人一方。过错责任归责原则下，非由于任何人的过错产生的意外事故成本由受害人一方承担，而在严格责任归责原则下，则是由侵害人承担。

## 第四节 侵权损害赔偿的经济学分析综述

### 一、过错责任归责原则下最优可替代损害赔偿的经济学分析

过错责任归责原则下损害赔偿标准的设定问题关乎能否有效激励侵害人和受害人均采取合理注意和选择最优行为水平。

对侵害人而言，布朗（1973）和萨维尔（1980）均指出，在过错责任归责原则下，假如法院正确设定行为标准，那么对财产损害

的充分赔偿将会促使侵害人采取最优的注意。① 然而，罗伯特·D. 考特（Robert D. Cooter）（1984）却认为，在过错责任归责原则下，即使未施加充分损害赔偿，也能促使侵害人尽到合理注意，因为侵害人一旦降低其注意程度，其将预期到所需承担的赔偿责任会更重，因此，这对侵害人的激励是有效的。② 就对侵害人行为水平的影响而言，萨维尔（1980）提出，在过错责任归责原则下，因为无过错的侵害人无须承担其行为选择的社会成本，侵害人因此而需要采取过高的行为水平，所以损害赔偿标准的设定不会促使侵害人从事有效的行为水平。③

对受害人而言，萨维尔（1980）指出，过错责任归责原则能够促使受害人采取有效的注意并从事有效的行为水平。因为，如果侵害人尽到合理注意，则无须承担其行为的后果，而受害人则不得不承担所有损害的全部成本，这样就会对受害人尽到合理注意产生必要的激励，并促使其行为达到最优水平。④ 阿伦（1985）认为，当受害人会获得完全充分的损害赔偿时，过错责任归责原则将会达到最优的威慑水平。但是，即使达到最优的威慑水平，但是却不一定能达到帕累托最优。能否达到帕累托最优也取决于最初的权利分配。过错责任归责原则明确赋予侵害人去从事对受害人造成合理注意范围内危险的权利，同时赋予受害人免受非合理危险侵害的权利。那么，将要求侵害人对其所从事的非合理危险行为对受害人造成的损

---

① Brown John Prather. Toward an Economic Theory of Liability[J]. Journal of Legal Studies,1973(2):327-331. Shavell Steven. Strict Liability Versus Negligence[J]. Journal of Legal Studies,1980(9):463-516.

② Cooter Robert D.. Prices and Sanctions[J]. Columbia Law Review,1984(84):1523-1560.

③ Shavell Steven. Strict Liability Versus Negligence[J]. Journal of Legal Studies,1980(9):463-516.

④ Shavell Steven. Strict Liability Versus Negligence[J]. Journal of Legal Studies,1980(9):463-516.

失负责完全并充分地加以赔偿时，则会达到帕累托最优标准，因为，受害人的境况并非因此变得更坏。但是，如果受害人最初获得的权利是免受侵害人造成的任何损害时，则无法达到帕累托最优，因为在这种情况下，过错责任归责原则只是要求侵害人负责赔偿其非合理行为对受害人造成的损害，那么受害人的境况则因为其因侵害人合理行为所受到的损害无法获得赔偿而变得不好。[1]

## 二、严格责任归责原则下最优可替代损害赔偿的经济学分析

根据意外事故的传统经济学模型，对于可替代物品造成损害的有效损害赔偿规则就是对受害人进行完全充分的赔偿，尤其是受害人应该获得相当于受损物品的市场价值的赔偿。萨维尔（1980, 1987）提出，完全充分的损害赔偿规则对于严格责任体制下的不法行为将会取得最优的威慑，确保受害人采取风险分散，并且对侵权责任原则和初始权利分配的依赖可以满足帕累托效率的要求，即侵害人的危险行为必须不能使得任何人的境况比侵害人的境况更坏的要求。但是，除非规避风险的侵害人能够购买保险否则不能最优的分配风险。[2]

布朗（1973）认为，根据意外事故的标准经济学模型，侵害人将风险强加于受害人，这些受害人与侵害人之间没有市场关系。[3] 萨维尔（1980）指出，侵害人可以通过行为时尽到合理注意以及控制

---

[1] Jennifer Arlen. An Economic Analysis of Tort Damages for Wrongful Death[J]. New York University Law Review, 1985(60):1113-1136. Shavell Steven. Economic Analysis of Accident Law[M]. Cambridge, Mass.:Harvard University Press, 1987:118-121.

[2] Shavell Steven. Strict Liability Versus Negligence[J]. Journal of Legal Studies, 1980(9):463-516.

[3] Brown John Prather. Toward an Economic Theory of Liability[J]. Journal of Legal Studies, 1973(2):327-331.

其从事危险行为的频率以减少对受害人的侵害。① 其于1987年又提出,我们的社会目标是使得社会总福利最大化,社会福利等于侵害人受益减去总事故成本(合理注意成本和预期事故损失之和)。当侵害人采取适当的合理注意水平并且以一种能够使得社会福利最大化的频率行为时,那么其行为就是有效的。②

当采用严格责任归责原则确定侵权责任时,完全充分的损害赔偿规则可以取得最优的威慑作用。根据严格责任归责原则,如果风险行为的预期成本(即预期损害赔偿责任)等于风险行为的社会成本,那么侵害人将会采取能够使总社会成本最小化的合理措施,这就意味着损害赔偿责任应当等于事故的社会成本,这样,受害人的损失才能得到补偿。严格责任归责原则也会促使侵害人做出最优的行为,因为侵害人做出造成损害赔偿责任增加的行为的成本将会等于其所作出的导致事故成本增加之决定的社会成本。但是,假如每一个侵害人卷入事故的几率依赖于从事危险行为的人数,严格责任归责原则将达不到最优行为水平。在这种情况下,即使依据严格责任归责原则,侵害人也会过量从事危险行为,因为他们不会把他们的行为对于其他可能卷入事故的侵害人的影响考虑在内。

当潜在受害人的合理注意水平和行为水平影响预期事故成本时,侵权责任原则也必须促使受害人采取最优的注意,并做出适度的行为。严格责任下的完全充分赔偿规则可能削弱上述效果。当受害人受到足够的赔偿时,严格责任归责原则将不但不会促使受害人采取应有的注意,并且也不会促使受害人做出最恰当的行为,因为受害人不承担任何损害成本,且无须花费资源去避免损害的发生。但是,

---

① Shavell Steven. Strict Liability Versus Negligence[J]. Journal of Legal Studies, 1980(9):463 – 516.

② Shavell Steven. Economic Analysis of Accident Law[M]. Cambridge, Mass.:Harvard University Press,1987:118 – 121.

假如采用具有比较过错抗辩的严格责任归责原则，受害人则会有尽到合理注意的义务。因为在上述情况下，受害人需要承担其因未尽到合理注意义务而产生的成本。但是即便如此，受害人也不会做出最恰当的行为，因为只要受害人尽到合理注意义务，其所遭受的损害就会得到完全充分的赔偿。

根据帕累托标准，受害人经常会获得完全充分的赔偿，以确保侵害人的危险行为没有使得受害人的境况比其不从事危险行为时的境况变得更坏。如果受害人对于争议中的受损财产享有初始权利时，则应当获得完全充分的赔偿以确保其境况不会变得更坏。

此外，关于损害赔偿的经济学分析，萨维尔在其1987年所著的《事故法的经济分析》一书中，还着重分析了损害赔偿与损失的程度、几率以及法院关于损失程度的不确定性之间的关系。

有些学者还专门对惩罚性损害赔偿进行了经济学分析，如米切尔·A.波林斯基（Mitchell A. Polinsky）和萨维尔（1998）。[1] 其他一些学者则对产品责任和环境侵权进行了经济学分析，如珍妮·B.沃尔（Jenny B. Wahl）（2002）。[2]

## 第五节 侵权法律适用的经济学分析综述

### 一、巴克斯特与比较损害说

威廉姆·F.巴克斯特（William F. Baxter）于1963年在《斯坦福法律评论》上发表了《法律选择和联邦体制》，在这篇冲突法论

---

[1] Polinsky A. Mitchell, Shavell Steven. Punitive Damages: An Economic Analysis[J]. Harvard Law Review, 1998(111): 869-962.

[2] Wahl Jenny B.. Economic Analysis of Product and Environmental Liability Law[M]. New York: Garland Publishing, 2002: 1-376.

文中，他假定了州与州之间在法律适用问题上的博弈过程，对比分析了州与州之间的成本和收益，并进而提出了著名的"比较损害说"。巴克斯特在论述真实冲突案件的法律选择的解决方式时，提出了一个重要但在当时却被普遍忽视的问题，即在跨州民商事案件中，50个州如何适用法律才能实现它们各自内部不同实体政策的最大化?[1] 他认为，法官有义务适用如果其法律得不到适用则其公共政策将遭受最大损害的那个州（国）的法律。

在侵权法律适用领域，巴克斯特对传统的侵权行为地法适用规则进行了批判，他认为，侵权行为地只不过是冲突法上广泛使用的联结点而已，侵权行为地法的可预测性目标不具有规范性价值。他在探寻法律选择的规范基础时指出，对于一州的实体政策能否通过本州法律的适用而得以实现这一问题，不能简单地断定为"是"或"否"，答案往往是"在一定程度上"。一个规则背后的目标将会因该规则在特定类型的案件中得以适用而得到促进或者将会因其不适用而受到损害的程度，就成为确定该规则与特定案件之间是否具有相关性的测试标准，以及确定该州利益因其规则被适用能否实现的测试标准。巴克斯特认为，每一个地方的法律都存在着两种不同的政策和目的，即内部目的和外部目的。内部目的是解决每个州内私人利益冲突的基础，外部目的则是不同州私人利益发生冲突时所产生的政策。在真实冲突的情况下，就是两个州的外部目的发生冲突，这时只能服从其中一个州的外部目的。确定的标准是：内部目的在一般范围内受到较小损害的那个州，其外部目的应服从另一个州的外部目的，换言之，在具体案件中应当比较两个有关州的内部目的，看哪一个受到更大的损害。如果内部目的受到较大的损害，它的外

---

[1] Allen William H., O's Hara Erin. Second Generation of Law and Economics of Conflict of Law:Baxter's Comparative Impairment and Beyond[J]. Stanford Law Review,1999, 51(5):1011.

部目的应得到实现,即适用它的法律。①

## 二、波斯纳与比较规制优势说②

波斯纳在其《法律的经济分析》一书中,使用了一个典型的美国州际交通事故侵权案例来论证侵权法律适用上的侵权发生地法的比较规制优势理论。假设,A 州的居民在 B 州驾车时伤害了 B 州的一个居民,B 州居民对此提起诉讼。我们应适用哪一个州的法律来裁定双方当事人的权利——A 州的还是 B 州的呢?两个州在诉讼结果上都存在着利害关系。最简单地说,如果 A 州的居民胜诉,那他就会得到更多的钱,从而也使 A 州得益;而如果 B 州居民胜诉,同理,B 州会由此得益。这些得益会相互抵消,所以我们可以忽略不计。但 A 州还是想让其居民能在 B 州不受不适当限制地驾车,B 州要求保护其居民不受过失司机的伤害。换言之,在这一争讼上,两个州都存有资源配置和财富分配的利益。而且,事故发生在 B 州,这一问题就变得很重要了。假设,B 州的规则适合于 B 州的驾驶条件——道路、气候等状况。这样,由于对发生在 B 州的事故而言(根据刚才提及的限制条件)它具有规制上的比较优势,所以传统普通法规则是有其经济合理性的。它规定,无论赔偿侵权的诉讼在何地提出,我们都应该适用侵权发生地的法律。③

波斯纳提出,冲突法的目标应该是确定在规制有关事项和最小化裁判错误上具有比较优势的那个法律体系。他认为,问题不应该是利益,而应该是哪个国家的法律对于特定争端最为适合。波斯纳

---

① 韩德培. 国际私法 [M]. 北京:高等教育出版社,2000:108.
② 国内学者大都将波斯纳关于冲突法经济学分析的观点翻译成"比较管理优势说",但笔者认为翻译成"比较规制优势说"更符合波斯纳在《法律的经济分析》中所表达的本意。
③ 理查德·A. 波斯纳. 法律的经济分析 [M]. 蒋兆康,林毅夫,译. 北京:中国大百科全书出版社,1997:764–765.

使用经济学来分析哪个国家具有比较规制优势，但是当当事人的利益作为分析的焦点时，财富最大化才更加具体，他的比较规制优势理论打破了冲突法理论的初级秩序法律选择策略（现代冲突法方法）和二级秩序法律选择策略（传统冲突法方法）的二元区分。他主张属地的、二级秩序的规则，但他却建议分析个别规则的目标以及国家在实施这些目标中的比较优势。①

### 三、对侵权法律适用规则的实证分析

迈克尔·萨里米尼（Michael E. Solimine）、帕特里克·J. 博彻（Patrick J. Borchers）和斯图亚特·蒂尔（Stuart Thiel）开创了对侵权法律适用规则进行实证分析的先河。

萨里米尼对美国冲突法革命前后的大量案例进行了对比分析，萨里米尼的实证分析，一方面证实了波斯纳关于适用侵权行为地法的地域主义观点。另一方面，他通过实证分析得出结论，适用灵活性法律选择方法更多地表现出保护本州居民（Pro-Resident）、适用法院地法（Pro-forum）和诱导挑选法院（Pro-forumshopping）的倾向。②

博彻将现有的美国各州的侵权法律适用方法按照一定的标准进行分类，并通过分析案例，分别对传统冲突法方法和现代冲突法方法进行了论证。③

蒂尔指出，博彻实证研究中的核心问题在于未对结果进行回归分析（Regression Analysis），因而可能忽视各州法律文化对冲突法适

---

① Whincop Michael J., Keyes Mary. Policy and Pragmatism in the Conflict of Laws[M]. Aldershot: Ashgate/Dartmouth Publishing, 2001:20.
② Solimine Michael E.. An Economic and Empirical Analysis of Choice of Law[J]. Georgia Law Review, 1989(24):49.
③ Borchers Patrick J.. The Choice of Law Revolution: an Empirical Study[J]. Wash. & Lee L. Rev., 1992(49):357.

用的影响。他认为，现代侵权法律适用方法在各州适用的结果上存在很大的差异。①

## 四、温考克—凯伊丝与政策和实用主义理论

迈克尔·J.温考克（Michael J. Whincop）和玛丽·凯伊丝（Mary Keyes）在其合著的《冲突法中的政策和实用主义》一书中，提出了一种立足实体私法，强调当事人利益的实用主义经济分析进路。具体到侵权法律适用领域，温考克和凯伊丝将私人的、契约的和交易的方法引入侵权法律适用领域，并且将侵权划分为市场侵权和非市场侵权，同时又将非市场侵权划分为不相关型侵权和关系型侵权，并分别进行了经济学分析。

### （一）市场侵权

市场侵权，是指当事人在合同关系中受到损害的侵权情形。这是当代产品责任的重要内容。在这种情形下，传统国际私法经常识别受害人提出的权利是基于侵权还是违约。温考克和凯伊丝指出，根据交易方法，在适当限制条件下，对于市场侵权应当允许当事人自由选择适用于其交易的侵权法。如果当事人没有选择侵权准据法时，则可以采取以下三种方式确定侵权准据法：（1）优先规则（Pre-emptive Rules）；（2）最密切联系测试（Closest Connection Tests）；（3）定制的法律选择（Tailored Choices of Law）。②

### （二）非市场侵权

对于非市场侵权，温考克和凯伊丝按照效率标准，基于降低事故成本的视角对非市场侵权的两种类型进行了经济学分析。

---

① Thiel Stuart. Choice of Law and the Home Trend Advantage:Evidence[J]. American Law and Economics Review,2000(2):291.

② Whincop Michael J. ,Keyes Mary. Policy and Pragmatism in the Conflict of Laws[M]. Aldershot:Ashgate/Dartmouth Publishing,2001:71－84.

1. 不相关型非市场侵权

对于不相关型非市场侵权而言，在预防事故发生方面，侵权法律适用规则是没有效率的，但是，却会对诉讼成本产生影响。诉讼成本的大小，是由各州间法律提供救济的质量差别大小决定的，因此，有效率的法律适用规则应可以尽量减小可能的法院在诉讼结果上的差异。法院地法一般会促使受害人挑选法院，进而增加诉讼成本，而适用当事人一方的住所地法，又存在外部性和信息不对称问题。所以，最优的法律选择规则就是适用侵权行为地法，且不应该允许灵活的例外。①

2. 关系型非市场侵权

关系型非市场侵权，是指那些具有家庭、朋友或雇佣等人身关系的当事人之间所发生的侵权行为。对于这种类型的侵权行为而言，侵权行为地在某些情况下可能具有偶然性而不能必然被适用，此时，如果从当事人利益出发，那么当事人之间存在某种关系就提供了正当理由。这是因为：一方面，当事人最可能选择适用关系地法；另一方面，选择关系地法有利于节约信息成本和诉讼成本（关系地刚好是法院地时最可能节省诉讼成本）。温考克和凯伊丝指出，在关系型非市场侵权的最优法律选择规则问题上，最关键的是界定它适用于哪些案件以及法院如何行使自由裁量权以适用例外规则。为此，合理界定关系型侵权就变得非常重要。如果当事人之间存在人身关系，且当事人及其相互之间所存在的人身关系与某一辖区具有很强的联系，并且该辖区就是法院地，此时就应该适用该辖区的法律。如果当事人来自不同的辖区，则可以适用侵权行为地法这一中立的且变数较小的法律适用规则。其中，对于人身关系的界定既不能过

---

① Whincop Michael J., Keyes Mary. Policy and Pragmatism in the Conflict of Laws[M]. Aldershot: Ashgate/Dartmouth Publishing, 2001: 89 – 97.

于宽泛,也不能过于狭窄,这最终主要取决于法院在考察关系型侵权时如何保持实用的考量。①

**五、奥哈拉—里波斯坦与当事人意思自治原则**

从1993年至今,艾伦·A. 奥哈拉(Erin A O'Hara)和拉里·E. 里波斯坦(Larry E. Ribstein)在一系列著作中②,从经济学视角对当事人意思自治原则进行了分析。他们认为,当事人协商一致选择的法律属于实现效率的最优规则,并将其作为法律选择的首要规则。奥哈拉和里波斯坦分别从供求理论、竞争理论和成本效益理论三个方面论述了当事人意思自治原则存在的经济合理性③:

第一,从供求理论分析,允许当事人自行选择侵权准据法有利于增加法律产品的供给。当事人能够选择的法律越广泛,以较低的成本选择有效率的法律的可能性就越大。

第二,从竞争理论分析,当事人意思自治原则的存在能够加强国家间管辖权竞争以及各国在提供法律产品方面的竞争。

第三,从成本效益理论分析,当事人意思自治原则有利于当事人节约成本,因为当事人意思自治原则具有可预见性和确定性:一方面,可预见性能够使得当事人事先预期所要花费的成本和收益,从而为节约成本打下基础;另一方面,确定性可以促使当事人更好地安排自己的行为。

---

① Whincop Michael J. ,Keyes Mary. Policy and Pragmatism in the Conflict of Laws[M]. Aldershot:Ashgate/Dartmouth Publishing,2001:98 – 99.

② 这些论著主要包括:Ribstein Larry E.. Choosing Law by Contract[J]. J. of Corporation L. ,1993(18):245. Ribstein Larry E.. Delaware,Lawyer,and Contractual Choice of Law[J]. Del. J. Corp. L. ,1994(19):1001. O'Hara Erin. Opting out of Regulation:A Public Choice Analysis of Contractual Choice of Law[J]. Vand. L. Rev. ,2000(53):1551. O'Hara Erin,Ribstein Larry E.. From Politics to Efficiency in Choice of Law[J]. U. Chi. L. Rev. ,2000(67):1151 – 1231.

③ 朱莉. 国际私法的经济分析 [D]. 长春:吉林大学,2007:40 – 42.

此外，奥哈拉和里波斯坦还区分了市场侵权和非市场侵权，在确立当事人意思自治原则作为侵权法律适用首要原则的前提下，针对当事人未进行选择的法律适用问题进行了分析。对于市场侵权而言，他们认为，如果双方当事人没有确定适用于他们之间关系的法律，法院将适用支配合同争论地法律而不是支配侵权行为地法律。对于非市场侵权而言，法律选择规则将准许适用具有比较规制优势的州的法律。主要有以下几个选择：（1）加害行为地法；（2）损害发生地法；（3）侵害人住所地法；（4）受害人住所地法。[①]

## 第六节　小结

在本章中，笔者分别对与侵权法经济学分析相关的理论研究进程、侵权行为构成要件、侵权行为归责原则、侵权损害赔偿和侵权法律适用等问题进行了简要系统的文献综述，从而明确了本书的研究方向和研究内容。

首先，笔者对侵权法经济学分析理论研究进程进行了综述，按照时间发展进程简要介绍了与侵权法经济学分析相关的学者及其理论。可以发现，侵权法是法经济学学者关注的重要领域，它随着法经济学理论研究的深入而不断发展，直至今天，经济学分析已经涉及侵权法的各个领域。

其次，笔者简要介绍了与损害、因果关系和过错侵权行为三个构成要件相关的经济学分析理论成果，对侵权行为进行了经济学界定，为后文笔者对侵权行为构成要件的分析提供了理论基础。

---

[①] O'Hara Erin, Ribstein Larry E.. From Politics to Efficiency in Choice of Law[J]. U. Chi. L. Rev. , 2000(67):1151-1231.

自第三部分开始，笔者开始对侵权法核心内容经济学分析相关理论研究成果进行文献综述，这些核心内容包括过错责任归责原则和严格责任归责原则等侵权行为的两个重要归责原则、侵权损害赔偿和侵权法律适用。此处的文献综述为后文笔者对侵权法进行详尽的经济学分析提供了理论支持，笔者正是在前人研究的基础上，通过借鉴和发展，从经济学视角对侵权法进行系统分析，希求对我国侵权法制建设理论和实践提出一些启示和建议。

# 第二章 侵权法分析的法经济学理论基础和研究方法

## 第一节 法经济学的发展轨迹

法经济学渊源可以追溯至亚当·斯密（Adam Smith）的古典经济学和边沁的功利主义，后通过科斯、卡拉布雷西、亨利·G. 梅因（Henry S. Maine）、加里·S. 贝克尔（Gary S. Becker）和波斯纳等著名学者的努力，法经济学于20世纪五六十年代得以创立，并经过几十年的发展，于20世纪90年代后，出现百家争鸣、多元化发展的局面，形成了芝加哥学派（Chicago School Law and Economics）、公共选择理论（Public Choice Theory）、制度主义和新制度主义法经济学派（Institutional and Neo-institutional Law and Economics）、纽黑文学派（New Haven School）、现代公民共和主义（Modern Civic Republicanism）和批判法学研究（Critical Legal Studies）等法经济学思想学派。

一、法经济学的理论渊源

(一) 斯密的古典经济学

斯密在其 1776 年发表的《国民财富的性质和原因的研究》(简称《国富论》)中,论述了法律制度对价格体系的影响,这是历史上最早将法律作为影响社会经济的因素进行分析的专著。他的分析表明：适当的(法律)制度安排,既可激发经济行为主体的动机,又可充分发挥行为主体的才能,进而促进国民财富的增长。与之相反,不恰当的制度却对经济行为主体的动机和才能起抑制作用,因而阻碍经济进步。斯密创立的古典经济学思想主要体现在《国富论》中。

第一,斯密把充满利己主义的经济人作为分析经济问题的基本前提。他指出,人性是支配人类活动的根源。经济现象出于人的本性,不是偶然的现象,而是相互间有内在联系的自然现象。经济分析的使命和出发点就是要揭示这种由人的本性产生而又适应于人的本性的自然秩序,并以此来分析其他问题。①

第二,斯密认为,人类的经济活动是人类其他一切活动的基础,分析社会和政治问题都应从经济根源出发。其中,人性是支配人类活动的根源,利己心是人类从事经济活动的内在动力。同时,斯密又分析了法律制度对国民财富的重要作用。他指出：只有拥有了法制,那些通过许多年的劳动积累了财富的人们以及经过几代世袭相承获得财富的人们才能有保障地生活,而政府的建立就是为了保全财产的安全。

第三,斯密指出司法判决乃是一种利润最大化行为,而这种谋

---

① 冯玉军. 法经济学范式 [M]. 北京：清华大学出版社,2009：63.

求个人利益的行为无疑又影响了司法的效率和公正。他认为，这样一种司法权不再是开支的理由，而是收入的来源。那些想通过统治者获得公正的人们都心甘情愿地付出这笔费用；那些犯罪的人则必须付出罚金以补偿对君主的和平所造成的不安。[①]

(二) 边沁的功利主义理论

功利主义，是指以超阶级的功利作为人们行为标准的资产阶级哲学思想，由18世纪末英国的哲学家和经济学家边沁创立，对西方经济学研究曾产生过很大的影响。

边沁之前，斯密在启蒙学派的"自然秩序"和"理性观念"的基础上，把人性归结为个人利己主义，认为个人追求一己利益，便会自然而然地促进全社会的利益。边沁在其1789年所著的《道德与立法原理导论》一书中进一步阐明功利主义理论，并把它应用于法学、政治学、经济学、伦理学之中，并以此作为判断一切行为和立法措施的准则。[②]

边沁的功利主义理论有两个出发点和前提：(1) 功利原理或最大幸福原理。边沁认为，人们一切行为的准则取决于是增进幸福抑或减少幸福的倾向。不仅私人行为受这一原理支配，政府的一切措施也要据此行事。按照边沁的看法，社会是由个人构成的团体，其中每个人可以看作组成社会的一分子。社会全体的幸福是由组成此社会的个人的幸福的总和。社会的幸福是以最大多数人的最大幸福来衡量的。如果增加社会的利益即最大多数人的最大幸福的倾向比减少的倾向大，这就适合于功利原理。边沁把功利原理应用于经济学，各种经济制度和经济政策恰当与否以功利原理作为权衡标准。(2) 自利选择原理。所谓自利选择原理，按边沁的说法是：什么是

---

[①] 冯玉军. 法经济学范式 [M]. 北京：清华大学出版社，2009：64.
[②] 边沁. 道德与立法原理导论 [M]. 时殷弘，译. 北京：商务印书馆，2000：1 –440.

快乐、什么是痛苦，每个人自己知道得最清楚，所以什么是幸福也是每个人所知道的。每个人在原则上是他自身幸福的最好判断者。同时，每个人追求一己的最大幸福，是具有理性的一切人的目的。在人类社会生活中，自利的选择占着支配地位。当人们进行各种活动的时候，凡是对自己的最大幸福能有最高的贡献，不管对自己以外的全体幸福会带来什么样的结果，他都会全力追求，这是人性的一种必然倾向。①

（三）福利经济学理论

福利经济学是研究社会经济福利的一种经济学理论体系。它是由英国经济学家托马斯·霍布斯（Thomas Hobbes）和庇古于20世纪20年代创立的。庇古是对法经济学产生影响最大的福利经济学家。他通过长期研究，发现一个人的福利多寡总是受其他人行为的影响，一个人福利的变动也往往影响到别人的福利状况这样一种福利效用的相互依赖性原理。为此，他提出借助于国家政策、赋税、补贴、收入再分配、财产权的确认和转让，也即国家的直接干预和法律介入等方法，使给他人带来外部成本的个人或企业自己承担相关损失，并使其边际成本等于边际收益，将对他人和社会造成的净损失降至最低限度，与此同时又不影响实现其自身最佳效益，从而实现社会总体的福利增值和资源最优配置。这一深刻洞见，使得经济学家们在分析和解决外部成本问题时，把注意力转移到法律规则这个过去被经济学忽视的因素上，并且改变了以往只把法律规定作为既定不变的外在因素而不予考虑的思维定式。②

西方经济学家在庇古的旧福利经济学基础上进行修改，发展形成了新福利经济学。新福利经济学对法经济学的重要影响主要体现

---

① 边沁. 道德与立法原理导论 [M]. 时殷弘, 译. 北京：商务印书馆, 2000：12.
② 冯玉军. 法经济学范式 [M]. 北京：清华大学出版社, 2009：71-72.

在意大利经济学家维弗雷多·帕累托（Vilfredo Pareto）所提出的"帕累托效率标准"和英国的尼古拉斯·卡尔多（Nicholas Kaldor）与约翰·R. 希克斯（John R. Hicks）所创立的"卡尔多—希克斯效率标准"。关于这两个效率标准将在后文中予以阐述。

### （四）制度经济学理论

制度经济学提出了一种用有些非主流的分析方法来研究经济社会。就如它的名字所暗示的，制度经济学将分析的重心置于研究经济系统中的制度安排。[①] 以是否引入"交易成本"为界，制度经济学分为旧制度经济学和新制度经济学。从制度经济学视角出发，对法经济学进行研究，关注的是法律和经济运行过程之间的相互影响关系。代表人物有约翰·R. 康芒斯（John R. Commons）和科斯。

康芒斯最关注的是最终将影响经济系统绩效的尚未被揭示的那些制度的产生、发展、演化和运行。他的主要研究成果包括对资本主义经济系统的法律基础研究，这主要体现在他的经典论文《资本主义的法律基础》之中。康芒斯着手了一项针对广泛的各种不同的案件、运行规则及法令的分析，并探查它们对现代资本主义发展的影响，借此来阐述司法与经济过程的相互关系。经过这一分析，康芒斯证明了：一方面，经济将影响法律，如经济系统将给政治和司法系统带来压力，以促使它们向一个特定的方向变革；另一方面，法律也将影响经济——也就是说，司法的变化将推进经济行为向一个特定的方向发展。[②]

科斯被认为是新制度经济学的鼻祖。他的杰出贡献是发现并阐明了交易成本和产权在经济组织和制度结构中的重要性及其在经济

---

[①] 尼古拉斯·麦考罗，斯蒂文·G. 曼德姆. 经济学与法律——从波斯纳到后现代主义 [M]. 朱慧，吴晓露，潘晓松，译. 北京：法律出版社，2005：136.

[②] 尼古拉斯·麦考罗，斯蒂文·G. 曼德姆. 经济学与法律——从波斯纳到后现代主义 [M]. 朱慧，吴晓露，潘晓松，译. 北京：法律出版社，2005：145 – 146.

活动中的作用。① 科斯是从资源配置效率角度来认识交易本身的内涵，并以经济学的方法来分析交易及其规制。② 科斯的主要学术思想都集中体现在其所发表的两篇著名的论文中。第一篇论文是 1937 年发表的《企业的性质》。科斯在这篇论文中创造了交易成本这一重要概念，并将其运用于解释产业企业存在的原因及其扩展规模的界限问题。③ 科斯将交易成本定义成运用价格机制所花费的成本或运用市场交换手段进行交易所花费的成本。科斯认为，企业存在的目的是为了节约市场交易成本，其产生的前提条件是市场交易成本高于企业内部的管理协调成本，此时，企业内部交易因其成本较低被用来代替成本较高的市场交易；当企业内部管理协调的边际成本等于市场交易的边际成本时，就构成企业规模扩张的界限。④ 第二篇论文是科斯的经典之作《社会成本问题》，发表于 1960 年。该文在对庇古有关"外部性"问题补偿原则进行批判的基础上，重新研究了成本为零时交易行为的特征，并论证了在产权明确的前提下，市场交易即使在出现社会成本的场合也同样有效。⑤ 科斯通过分析，得出结论：当交易成本为零时，不同的产权界定将不会影响资源配置的结果；反之，当交易成本不为零时，不同的产权界定会导致不同的资源配置结果。⑥ 乔治·J. 斯蒂格勒（George J. Stigler）将科斯的这一思想概括为"在完全竞争条件下，私人成本等于社会成本"，并命名

---

① 韩绍飞. 关于法律经济学的思考 [D]. 重庆：西南大学政治与公共管理学院，2007：13.
② 冯玉军. 法经济学范式 [M]. 北京：清华大学出版社，2009：75.
③ Coase R. H.. The Nature of the Firm[J]. Economica,1937,4(16):386 – 405.
④ 韩绍飞. 关于法律经济学的思考 [D]. 重庆：西南大学政治与公共管理学院，2007：13.
⑤ 韩绍飞. 关于法律经济学的思考 [D]. 重庆：西南大学政治与公共管理学院，2007：13.
⑥ Coase R. H.. The Problem of Social Cost[J]. J. Law & Econ. ,1960(1):1 – 44.

为"科斯定理"。①

（五）公共选择理论

公共选择理论产生于20世纪40年代末，并于五六十年代形成了公共选择理论的基本原理和理论框架，60年代末以来，其学术影响迅速扩大。英国经济学家邓肯·布莱克（Duncan Black），被尊为"公共选择理论之父"，他于1948年发表的《论集体决策原理》一文，为公共选择理论奠定了基础。他在1958年出版的《委员会和选举理论》被认为是公共选择理论的代表作。公共选择理论的领袖人物当推美国著名经济学家詹姆斯·M.布坎南（James M. Buchanan）。布坎南是从20世纪50年代开始从事公共选择理论研究的，他发表的第一篇专门研究公共选择的文章是《社会选择、民主政治与自由市场》，布坎南与戈登·塔洛克二人合著的《同意的计算——立宪民主的逻辑基础》被认为是公共选择理论的经典著作。②

公共选择理论认为，人类社会由两个市场组成，一个是经济市场，另一个是政治市场。在经济市场上活动的主体是消费者（需求者）和厂商（供给者），在政治市场上活动的主体是选民、利益集团（需求者）和政治家、官员（供给者）。在经济市场上，人们通过货币选票来选择能给其带来最大满足的私人物品；在政治市场上，人们通过政治选票来选择能给其带来最大利益的政治家、政策法案和法律制度。前一类行为是经济决策，后一类行为是政治决策，个人在社会活动中主要是作出这两类决策。该理论进一步认为，在经济市场和政治市场上活动的是同一个人，没有理由认为同一个人在两个不同的市场上会根据两种完全不同的行为动机进行活动，即在经济市场上追求自身利益的最大化，而在政治市场上则是利他主义

---

① Stigler George J.. The Theory of Price[M]. New York: Macmillan., 1966: 113.
② 方福前. 当代西方公共选择理论及其三个学派[J]. 教学与研究, 1997（10）: 32.

的，自觉追求公共利益的最大化；同一个人在两种场合受不同的动机支配并追求不同的目标，是不可理解的，在逻辑上是自相矛盾的。[1]

## 二、法经济学的发展历程

### （一）法经济学的创立阶段

20世纪五六十年代是法经济学的创立阶段，如下四个重要事件的发生标志着法经济学的正式诞生。

第一，1958年，艾伦·迪雷克特（Aaron Director）创办了《法和经济学杂志》，为法律和经济的学科交叉研究和学科创立、发展提供了重要平台。迪雷克特受聘于芝加哥大学法学院主讲经济学课程。他在当时面临的问题是如何使那些律师同行严肃地对待经济学分析方法。他将经济学分析方法适用于法律问题，特别是反垄断法的研究当中。在法学院任职期间，他正式设立了全国第一个法经济学研究项目。在迪雷克特的推动下，芝加哥大学出现了大量涉及公司、企业、公用事业行为管制以及法律效率的研究文章。[2]

第二，1960年，科斯发表了《社会成本问题》，标志着法经济学的正式诞生。科斯在《社会成本问题》中，通过对外部性问题独辟蹊径的分析，提出了著名的"科斯定理"：当交易费用为零时，不同的产权界定将不会影响资源配置的结果；反之，当交易费用不为零时，不同的产权界定会导致不同的资源配置结果。

科斯并没有停留在零交易成本的研究上。他指出，没有交易成本的概念，就不可能理解经济体系的运转，决策就缺乏有力的基

---

[1] 方福前. 当代西方公共选择理论及其三个学派 [J]. 教学与研究，1997（10）：31-32.

[2] 冯玉军. 法经济学范式 [M]. 北京：清华大学出版社，2009：16.

础。① 在交易成本存在的情况下，法律将是决定经济行为的主要因素之一。比如，在市场失灵的情况下，法律规则可能会使交易成本最小化，从而对提高效率产生重大的影响。②

第三，1961 年，耶鲁法学院卡拉布雷西在《耶鲁法律杂志》上发表了《关于风险分配和侵权法的思考》，从经济学的视角比较系统地研究侵权法问题。他运用资源配置理论重塑了侵权责任理论，认为侵权法就是一种引致合理警戒行为的体系，财产损害的成本等同于执行这一体系的成本，损害成本理应分摊给最可能造成损害的当事人。这种开拓性的观点后来成为法经济学交易成本理论的基础性原则之一，也标志着经济分析进入了传统上由法学家研究的普通法领域。③

第四，1961 年，阿曼·A. 阿尔钦（Amen A. Alchian）发表了《关于产权经济学》一文，运用效用理论和最大化方法研究产权制度问题，别有新意地探讨了产权的性质，打破了传统上产权理论的静态观念。阿尔钦提出了产权可分割的观点。④

（二）法经济学的蓬勃发展阶段

20 世纪七八十年代是法经济学的蓬勃发展阶段，在这个时期涌现出许多优秀的代表人物与研究成果。例如，卡拉布雷西于 1970 年发表的《事故的成本：一种法经济学分析》；卡拉布雷西于 1972 年发表的《财产规则、责任规则和不可让与性：一种权威性观点》；波斯纳于 1973 年发表的《法律的经济分析》；维纳·Z. 赫希（Werner

---

① Coase R. H.. The Firm, the Market and the Law[M]. Chicago: University of Chicago Press, 1990: 14 – 15.
② Parisi Francesco. Private Property and Social Costs[J]. European Journal of Law and Economics, 1995(2): 149 – 173.
③ Calabresi Guido. Some Thoughts on Risk Distribution and the Law of Torts [J]. Yale Law Journal, 1961(70): 497 – 553.
④ 冯玉军. 法经济学范式 [M]. 北京：清华大学出版社. 2009：19.

Z. Hirsch）于 1979 年发表的《法和经济学》；波林斯基于 1983 年发表的《法和经济学导论》；萨维尔于 1987 年发表的《事故法的经济学分析》；兰德斯和波斯纳于 1987 年发表的《侵权法的经济结构》以及考特和托马斯·S. 尤伦（Thomas S. Ulen）于 1988 年发表的《法和经济学》等。

同一时期，在学术教育和研究方面，哈佛大学、芝加哥大学、斯坦福大学、哥伦比亚大学、耶鲁大学、牛津大学、多伦多大学等著名大学的法学院，纷纷启动了法学和经济学的双学科教学，开设法经济学以及同商法、财产法、侵权法、合同法和公法有关的经济分析课程。此时，有关法经济学专业杂志也纷纷问世，如奥雷·安施菲尔特（Orley Ashenfelter）和波斯纳主编的《美国法经济学评论》；迈阿密大学主办的《法与政治经济学杂志》；华盛顿大学主办的《法经济学研究》；牛津大学出版的《工业法杂志》；1981 年由查尔斯·K. 罗利（Charles K. Rowley）、安东尼·奥格斯（Anthony Ogus）、库特和丹尼尔·鲁宾菲尔德（Daniel Rubinfeld）等人创办的《法与经济学国际评论》；1982 年阿兰森（Aranson）主编的《最高法院经济评论》等。这些杂志为法经济学在世界范围内得以传播做出了重要贡献。此外，一些老牌法律学术杂志，如《哈佛法学评论》、《耶鲁法律学刊》、《哥伦比亚法学评论》和《多伦多大学法律杂志》等也经常刊登法经济学领域的研究成果。[①]

这一时期，随着法经济学完整理论研究的不断扩展和深入，法经济学对立法和司法实践的影响也在不断扩大。例如，美国总统里根在 1981 年任命了波斯纳、博克和温特三位在法经济学方面颇有造诣的法学家为美国联邦上诉法院的法官；同年，还通过并颁布了 12291 号总统令，要求所有新制定的政府规章都要符合成本—效益分

---

① 冯玉军. 法经济学范式 [M]. 北京：清华大学出版社. 2009：24.

析的标准。[①]

(三) 法经济学的百家争鸣阶段

20世纪90年代以后,法经济学研究日趋成熟,形成百家争鸣、多元化发展的局面,主要体现在以下几个方面:

第一,法经济学分析方法几乎已经应用于法律每一个具体领域,法经济学的研究成果对反垄断法、产业规制、金融规制、刑法、劳动工资法已经产生了重要的影响。

第二,出现了多学派并存,对法经济学多视角进行系统分析的局面。同时,博弈论、信息经济学、行为主义经济学等新兴理论被相继引入法学,在批判主流法经济学的基础上对其有缺陷的假设进行修补,从而掀起了新一波法经济学研究的热潮。[②] 自20世纪90年代以来,在学术倾向方面,法经济学呈现了两种分析视角:一是模型化和数理分析的法经济学研究,这一视角来自古典经济学的研究方法,注重法律规则和程序的模型和数理分析;二是哲学视角的法经济学,这一视角是将法学、经济学和哲学结合起来进行研究,建立经济法哲学。[③]

第三,世界上许多国家和地区都热衷于对法经济学的研究。尼古拉斯·麦考罗(Nicholas Mercuro)和斯蒂文·G.曼德姆(Steven G. Medema)在其合著的《经济学与法律——从波斯纳到后现代主义》一书中指出,法学和经济学之间所呈现的显著的相互关系能通过多种指标加以证明:(1)一系列法经济学协会成立,如美国法经

---

[①] 史晋川. 法经济学评述(代中译本序)[J] // 尼古拉斯·麦考罗,斯蒂文·G.曼德姆. 经济学与法律——从波斯纳到后现代主义 [M]. 朱慧,吴晓露,潘晓松,译. 北京:法律出版社. 2005:6.

[②] 冯玉军. 法经济学范式 [M]. 北京:清华大学出版社,2009:28.

[③] 史晋川. 法经济学评述(代中译本序)[J] // 尼古拉斯·麦考罗,斯蒂文·G.曼德姆. 经济学与法律——从波斯纳到后现代主义 [M]. 朱慧,吴晓露,潘晓松,译. 北京:法律出版社. 2005:22.

济学协会、加拿大法经济学协会以及欧洲法经济学协会。(2) 已有大量的期刊用于发表法经济学领域的学术成果,如《法经济学》、《法学研究》、《法学》、《经济学与组织》、《公共选择》、《宪法的政治经济学》、《法经济学国际评论》及《欧洲法经济学》等。此外,大量传统的法学评论定期刊登法经济学的文章,如联邦最高法院的《经济评论》、《法经济学研究》和《司法关系经济学》等。(3) 主要的法学院(包括哈佛大学、耶鲁大学、斯坦福大学和加州—伯克利大学等)都已经设立了法经济学教学和研究计划,且有大量与这些计划有关的研究报告。最后,许多经济学家、法学教授和法官在每年举行的法经济学学会上,对法经济学的热门课题及发展远景进行讨论和研究,促进了法经济学的发展。①

## 第二节 与侵权法分析相关的法经济学基本理论

### 一、波斯纳定理(Posner Theorem)②

波斯纳定理是由著名的法经济学家波斯纳提出的,该定理是指如果市场交易成本过高而抑制交易,那么,权利应赋予那些最珍视它们的人。波斯纳提出的法律的经济分析进路,是建立在以下三个假设条件的基础之上的:

第一,行为人的行为是他们在特定法律条件下进行成本—效益分析的结果,当事人对一定权利的不同估价是其交易得以进行的原动力。

---

① 尼古拉斯·麦考罗,斯蒂文·G. 曼德姆. 经济学与法律——从波斯纳到后现代主义 [M]. 朱慧,吴晓露,潘晓松,译. 北京:法律出版社,2005:2-3.
② 该部分内容主要引自百度百科,具体网址为:http://baike.baidu.com/view/1169902.htm. 访问日期为2009年8月10日。

第二，法律制度在运行中会给当事人带来收益和成本，故可用最大化、均衡和效率来评价法律行为。

第三，财产权利界定清晰可以降低交易成本。通过制定使权利让渡成本比较低的法律，可促使资源流向使用效率高者手中，从而提高经济运行效率。

波斯纳定理还有一个推论，亦即其对偶形式："在法律上，事故责任应归咎于能以最低成本避免事故而没有这样做的人。""波斯纳定理"的实质是：在权利和义务的安排上，要求体现"比较优势原理"。经济主体在风险偏好、信息拥有量、财产拥有规模和决策能力等方面是有差别的，这些差别作为约束条件影响着权利的运作成本。因此，按"平等竞争，能者居之"的原则分派权利和义务，是一种体现效率标准的权利安排。

## 二、帕累托最优标准（Pareto Optimality Criterion）

帕累托最优，也称为帕累托效率（Pareto Efficiency），是博弈论中的重要概念，并且在经济学、工程学和社会科学中有着广泛的应用。1897年，意大利经济学家帕累托在研究资源配置时，提出了一个最优状态标准，人们简称为"帕累托最优（效率）"。主要内容包括：在某种既定的资源配置状态下，任何改变都不可能使至少一个人的状况变好，而又不使任何人的状况变坏。否则，就不是帕累托最优，而是帕累托改进。

帕累托最优有三个重要前提：

第一个前提是它假定社会中每个成员的权利是相同的，如果损害某人而让别人得益就不是帕累托最优。它的深刻含义为市场经济是一个人人平等的经济。在被帝王贵族统治下的经济，统治者的权利高于被统治者，因而那里不可能实现市场经济。

第二个前提是在市场经济中帕累托的最优取决于每个人的初始

资源，包括个人的天分、家庭和受教育的环境，从上一辈得到的遗产等。所以市场经济承认各人所达到的富裕程度的差异，这种差异是因为各人参与到市场中来时的起始点不同。

第三个前提是假定各人的幸福仅仅取决于他所享受的物质条件。这一前提使得市场经济中的每个人都能享受到越来越丰富的物质条件。①

### 三、卡尔多—希克斯效率标准（Kaldor-Hicks Efficiency Criterion）②

卡尔多—希克斯效率标准是指第三者的总成本不超过交易的总收益，或者说从结果中获得的收益完全可以对所受到的损失进行补偿，这种非自愿的财富转移的具体结果就是卡尔多—希克斯效率。

卡尔多1939年发表的《经济学福利命题与个人之间的效用比较》论文，提出了"虚拟的补偿原则"作为其检验社会福利的标准。他认为，市场价格总是在变化，价格的变动肯定会影响人们的福利状况，即很可能使一些人受损，另一些人受益；但只要总体上来看益大于损，这就表明总的社会福利增加了，简言之，卡尔多的福利标准是看变动以后的结果是否得大于失。由此看来，卡尔多补偿原则是一种假想的补偿，而不是真实的补偿，它使帕累托最优标准宽泛化了。

希克斯补充了卡尔多的福利标准，认为卡尔多原则不够完善，因为它是一种"假想中"的补偿，现实中受益者并没有对受损者进行任何补偿。他认为，判断社会福利的标准应该从长期来观察，只要政府的一项经济政策从长期来看能够提高全社会的生产效率，尽管在短时间内某些人会受损，但经过较长时间以后，所有的人的境

---

① 茅于轼. 帕累托改进的深刻含义[EB/OL]. [2009-08-10]. http://www.china-review.com/sao.asp? id=3938.

② 该部分内容主要引自百度百科，具体网址为：http://baike.baidu.com/view/1741408.htm. 访问日期为2009年8月10日。

况都会由于社会生产率的提高而"自然而然地"获得补偿。因而人们称希克斯的补偿原则为"长期自然的补偿原则"。

如果那些从社会资源再分配中获利的人获得的利益足够补偿那些从中亏损的人的利益,那么社会资源的再分配就是有效率的,虽然并没有要求产生实际的补偿。如果实际得到补偿,这个变革就是一个现实的帕累托改善。卡尔多—希克斯有效性标准是潜在的帕累托改进。

按照科斯定理,如果交易成本为零,个人之间的谈判可以保证卡尔多—希克斯效率变成现实的帕累托效率。现实中交易成本为正,就可能使得潜在的帕累托改善无法成为现实的帕累托改善。实际上经济学家一般采用卡尔多—希克斯效率标准。

### 四、理性选择理论（Rational Choice Perspective）

理性选择,像行为主义一样,是从个体出发来观察和分析政治现象,但并不采取归纳的方法,而是先假定一个寻求自身利益最大化的个体,然后在各种情境下计算和演绎按照功利最大化原则行动的个体可能会采取的行动,以最小的牺牲满足自己的最大需要,理性选择往往通过交易实现。① 理性选择理论是建立在下列前提上的：（1）个人是自身最大利益的追求者；（2）在特定情境中有不同的行为策略可供选择；（3）人在理智上相信不同的选择会导致不同的结果；（4）人在主观上对不同的选择结果有不同的偏好排列。理性选择可以概括为最优化或效用最大化,即理性行动者趋向于采取最优策略,以最小的代价取得最大的收益。②

---

① 该部分内容主要引自百度百科,具体网址为：http://baike.baidu.com/view/316687.htm.访问日期为2009年8月13日。

② 该部分内容主要引自互动百科,具体网址为：http://www.hudong.com/wiki/%E7%90%86%E6%80%A7%E9%80%89%E6%8B%A9%E7%90%86%E8%AE%BA.访问日期为2009年8月11日。

阿尔钦曾提出，从长期来看，法经济学的基本假设前提是理性选择理论。在法经济学领域中，对理性选择的理解有以下四种含义①：

第一种是解释性含义（Definitional Version），这是法经济学中对理性选择最广意义上的理解。波斯纳在其于1998年发表在《斯坦福法律评论》上的《理性选择、行为经济学和法律》一文中指出，他在使用"rationality"时为它确定的内涵是："为选择者的目的选择最好的方法"，这种理解并不具体解释个体最大化的"目的"是什么，也不具体解释个体为达成"目的"所使用的方式是什么，而是将"理性选择"行为理解为选择"达成目的的适当方式"（suiting means to ends）。②此外，波斯纳在其所著的《法律的经济学分析》一书中也给出了类似的解释：他指出，人在其生活目的、满足方面是一个理性最大化者（rational maximizer）。③

第二种是预期效用含义（Expected Utility Version）。这是法经济学中对理性选择广义上的理解，也是最为法经济学者们所普遍接受的观点。这种观点将理性选择界定为人们寻求最大化其自身的预期效用（Expected Utility）。为了达到自身预期效用的最大化，行为人在进行选择时必定会在待选项之间进行成本—效益分析（cost-benefit analysis），通过对比行为预期效用与所付成本之间的数量关系来选择可以最大化其预期利益同时最小化其预期成本的选项。

第三种是自利含义（Self-interested Version）。这是法律经济学中

---

① 黄锫. 法律经济学逻辑起点研究——理性选择理论的内涵、反证及其补充［J/OL］. 浙江社会科学，2007：5. ［2009-08-11］. http://article.chinalawinfo.com/Article_Detail.asp? ArticleID=41787.

② Posner Richard A.. Rational Choice, Behavioral Economics, and the Law［J］. Stanford Law Review, 1998(50):1551.

③ 理查德·A. 波斯纳. 法律的经济分析［M］. 蒋兆康，林毅夫，译. 北京：中国大百科全书出版社，1997：3.

对理性选择狭义上的理解。理性选择的行为在这种理解中表现为行为人的"自利"行为，因此，只要观察行为人的行为是否对其本人有利就可以判断行为人的行为是否理性，如果行为本身对行为人不利而行为人仍然实施该行为，就可以断定为非理性行为，也即可以证伪。这种理解在法律经济学研究中常与上述第二种对理性选择的理解混用。按照这种理解，法经济学认为法律制度的设置主要就是通过对行为人自身利益的影响来调整行为人的行为，赫伯特·J. 霍夫曼坎普（Herbert Hovenkamp）曾指出法经济学从两个方面丰富了理性选择理论的内涵，其中第一个方面就是它强调了人们的最大化计算受到法律制度设置（特别是法律制度中法律责任的设置）的巨大影响。①

第四种是财富最大化含义（Wealth Maximizing Version）。这是法经济学中对理性选择最狭义的理解。这种理解将行为目的或者说效用函数的内容限制在货币的数量之上，认为法律约束之下行为的主要目的就是实现拥有货币量的最大化。几乎所有关于企业经济组织的实证主义法经济学分析都隐含了对理性选择的这种理解，而波斯纳在20世纪70年代至80年代初更是将这种理解延伸至规范主义法经济学领域，将其作为法经济学研究的规范性标准。②

理性选择理论决定了法经济学的研究前提，人们在法律制度的激励和规制下，总是会考虑每一种法律行为可能发生的法律后果，基于这种对法律后果的预期，从而选择从事可以达到个人效用最大化的法律行为。笔者在本书中对侵权法相关归责原则的分析就是于理性选择理论的研究前提，分析侵害人和受害人在不同归责原则

---

① Hovenkamp Herbert J.. Rationality in Law & Economics[J]. George Washington Law Review,1991(60):293.

② Kerkmeester Heico. Methodology: General [J]// Boudewijn Bouckaert, Gerrit De Geest. Encyclopedia of Law and Economics(Volume Ⅰ The History and Methodology of Law and Economics). Cheltenham:Edward Elgar Publishing,2000:383.

的激励下，为实现个人预期效用最大化会采取何种注意水平及从事何种行为水平。

## 第三节　与侵权法分析相关的法经济学基本假设

### 一、经济人假设

经济人假设来源于斯密的《国富论》。斯密的经济人是指以追求个人利益最大化为目的并积极从事经济活动的主体。斯密认为，经济人具有利己本性，在经济活动中会导致人们完全追求个人利益而不会顾及其他人利益，但由于每个人的谋利活动受到其他人的谋利活动的限制，受到市场经济这只"看不见的手"的影响，每个人的这种利己行为最终会促进社会的利益。在斯密之后，经过边沁、纳索·W. 西尼尔（Nassau W. Senior）和约翰·S. 密尔（John S. Mill）等人对经济人思想的进一步补充，基本形成古典经济人模式，为经济学进行分析和研究创造了科学的假设和前提。[①]

西方经济学普遍继承了斯密的经济人假设，并且，这一假设本身也处于不断完善之中，突出体现在新古典经济理论体系中。新古典经济学派将斯密的经济人进一步抽象为具有完全理性、简单、可量化的"机械人"。新古典经济学者认为，经济人就是经济活动的行为主体，他具有以下四个方面的特征：（1）经济人具有功利主义本性，他总是希望通过花费最小成本获得自身最大经济收益；（2）经济人具有完全理性，他掌握全部知识和信息，为实现利益最大化而进行恰当选择；（3）经济人一般包括生产者和消费者，都追求利润

---

[①] 张新生，陶翀. 试析"经济人假设"的边界问题 [J]. 江西社会科学，2007 (9)：162.

和效用的最大化；（4）经济人通常采取劳动、资本、土地、企业家四种要素供给者的形态。① 新古典经济学对经济人的行为进行了定性和定量分析，考察了经济人在不同市场形态下实现利润和效用最大化的条件，强调只有在完全竞争的市场环境中，经济人才能达到均衡状态，才能实现最大的满足和效率。就新古典经济学家来看，经济人只有"自利性"而无"利他性"，纯粹"追求个人利益最大化"而无"公共利益"，没有社会规则的约束。②

因为继承了赫伯特·A.西蒙（Herbert Alexander Simon）的"有限理性"说③，新制度经济学对经济人的假设更接近于真实社会。这种经济人假设包含以下两个方面的内容：（1）认为人具有双重动机，不仅追求经济利益最大化，而且也追求非经济利益最大化。非经济利益包括利他主义、意识形态和自愿负担约束等，通常有集体主义行为偏好；（2）认为人具有有限理性，不仅追求自身利益最大化，而且也追求利他主义和自愿负担约束等非经济利益，并且还有机会主义倾向。④ 因此，就新制度经济学家来看，经济人具有社会性，是"自利性"和"利他性"的统一体，同时追求"个人利益最大化"和"公共利益最大化"。

侵权法的经济学分析离不开经济人假设，"人是其自利的理性最大化者"这一概念暗示，人们会对激励做出反应，即如果一个人的环境发生变化，而他通过改变其行为就能增加他的满足，那他就会

---

① 张新生，陶翀. 试析"经济人假设"的边界问题 [J]. 江西社会科学，2007（9）：162.

② 张新生，陶翀. 试析"经济人假设"的边界问题 [J]. 江西社会科学，2007（9）：162.

③ 赫伯特·西蒙（Herbert Simon）认为，人们获取信息是不完全的，所以导致人的理性是介于完全理性和非完全理性之间的一种有限理性。

④ 张新生，陶翀. 试析"经济人假设"的边界问题 [J]. 江西社会科学，2007（9）：163.

这样去做。[①] 因此，这一假设对于分析侵权责任归责原则和损害赔偿规则的激励机制具有重要的作用。

## 二、效用最大化假设

在经济学中，效用是用来衡量消费者从一组商品和服务之中获得的幸福或者满足的尺度。效用最大化假设是衡量选择的标准和目标。具体而言，社会及社会主体的选择标准是效用最大化，即尽量使自己手中有限的资源给自己带来尽量多的幸福和满足。[②]

功利主义的学说把效用最大化看作衡量一种社会组织的道德标准。按照这种学说，功利主义的代表人物边沁和密尔主张社会应该以总效用最大化为目标，也就是以大多数人的幸福最大化为目标。[③]

效用最大化通常作为经济分析的基本假设，这并不是说任何一个社会主体的每一种经济选择和经济决策行为都达到了效用最大化的目标，而是说主体的行为可以用效用最大化的观点加以分析和预测。

## 三、稀缺性假设

稀缺性，是指与人们的需求相比，社会可以提供给人们的满足是稀缺的。全部经济学的研究可归结为：如何解决人类的无限需求与社会资源的稀缺性问题。简言之，就是要不断地处理和解决好资源的稀缺性与人类需求的无限性之间的矛盾。可以说，人类社会就是在这种矛盾的不断产生与解决中发展与进步的。

---

[①] 理查德·A. 波斯纳. 法律的经济分析 [M]. 蒋兆康，林毅夫，译. 北京：中国大百科全书出版社，1997：4.

[②] 该部分内容主要引自百度百科，具体网址为：http://baike.baidu.com/view/288483.htm. 访问日期为 2009 年 8 月 11 日。

[③] 该部分内容主要引自百度百科，具体网址为：http://baike.baidu.com/view/288483.htm. 访问日期为 2009 年 8 月 11 日。

稀缺性的概念在整个经济理论中起着至关重要的作用，一些经济学家认为稀缺性是经济学存在的前提条件，所以往往用稀缺性来定义经济学。由于稀缺性的存在，就决定了人们在使用经济物品中不断作出选择，如决定利用有限的资源去生产什么、如何生产、为谁生产以及在稀缺的消费品中如何进行取舍及如何用来满足人们的各种需求，而这些问题被认为是经济学所研究的主题。只有当物品稀缺时，才能被认为是社会财富的一部分。①

## 第四节　与侵权法分析相关的法经济学基本方法

### 一、个人主义方法论

西方经济学对经济组织、经济行为和市场过程进行分析时所采用的主导方法就是个人主义方法论。弗里德里克·A.哈耶克（Friedrich A. Hayek）强调说，理解社会现象，只有通过对那些作用于其他并且由其预期行为所引起的个人活动的理解来进行。路德维希·冯·米塞斯（Ludwig von Mises）认为，个人主义方法论的基本原理包括三个方面：（1）任何行为都是由个人做出来的，一个集体要想有所作为，总是需要各个个人付出共同努力。（2）人是社会动物，社会过程发生在人与人之间，没有个人也没有社会过程，个人行为的不断变动就是社会过程的进展，个人行动构成社会的基础。（3）集体是无法被具体化的，只有个人的行为才能赋予集体以具体的意义。在此基础上，米塞斯对个人主义方法论给出了如下的定义：一切行为都是人的行为，当个体成员的行为被排除在外时，就不会

---

① 该部分内容主要引自价值中国百科，具体网址为：http://www.chinavalue.net/Wiki/ShowContent.aspx?TitleID=23281&cid=192362. 访问日期为2009年8月13日。

有社会团体的存在和现实性。[①]

个人主义方法论是现代新古典主义经济学的方法论基础，以理性的、追求最高效益的个人作为研究实体分析集体的行为。这也被称为经济人假设。依据这个观点，大多数经济制度的架构和活动都能够以此来加以解释。

个人主义方法论被广泛使用于公共选择理论。公共选择理论运用个人主义方法论对政治领域及政治过程进行了分析，公共选择学者认为，评价、选择和行动的最基本单位是个人，主张用个人的动机和目的来解释经济、政治以及其他社会现象。社会存在是各种个人相互作用的结果，公共选择理论探讨的是在一个特定的组织结构或制度结构中，个人的偏好、决策、选择和行动是如何产生某种复杂的总体后果，这一过程在私人活动中表现为市场过程，而在集体活动中却表现为非市场过程（政治过程）。[②] 公共选择学者认为，对国家及政治过程进行分析与对市场及经济过程进行分析一样，都必须从个体开始，因为个人在二者中都是最终决策者、选择者和行为者。正因如此，布坎南有时称公共选择理论为"政治过程的个人主义理论"。[③]

法经济学是以个人主义方法论为其研究基础的。个人主义方法论的核心思想是：社会理论的研究必须建立在对个人意志和行为的研究基础之上，分析研究对象的基本单元是有理性的个人，并由此假定集体行为是其中个人选择的结果。[④] 侵权法的经济学分析是从研

---

[①] 陈振明. 政治与经济的整合研究——公共选择理论的方法论及其启示 [J]. 厦门大学学报（哲学社会科学版），2003（2）：31.

[②] 陈振明. 政治与经济的整合研究——公共选择理论的方法论及其启示 [J]. 厦门大学学报（哲学社会科学版），2003（2）：32.

[③] 陈振明. 政治与经济的整合研究——公共选择理论的方法论及其启示 [J]. 厦门大学学报（哲学社会科学版），2003（2）：32.

[④] 史晋川. 法经济学评述（代中译本序）[J] // 尼古拉斯·麦考罗，斯蒂文·G. 曼德姆. 经济学与法律——从波斯纳到后现代主义. 朱慧，吴晓露，潘晓松，译. 北京：法律出版社. 2005：9.

究个人行为入手的，如在归责原则问题上，无论是研究过错责任归责原则还是严格责任归责原则，都是建立在侵害人和受害人个体选择的基础之上的。研究个体行为时，经济学通常采用激励分析方法，分析每个个体因为法律激励的改变而产生行为的变化。一项法律的成功与否应看其是否能使具体的理性人通过成本—效益的大致衡量，产生正确行为的激励。

## 二、实证分析方法和规范分析方法相结合

实证分析方法是在分析经济问题和建立经济理论时，撇开对社会经济活动的价值判断，只研究经济活动中各种经济现象之间的相互联系，运用"大胆假设、小心求证，在求证中检验假设"的方法，在作出与经济行为有关的假定前提下，分析和预测人们经济行为的后果。实证经济学研究和回答的经济问题是：（1）经济现象是什么？经济事物的现状如何？（2）有几种可供选择的方案？将会带来什么后果？它不回答是不是应该作出这样的选择的问题，即它企图超脱和排斥价值判断，实证经济学所研究的内容具有客观性，是说明客观事物是怎样的实证科学。

规范分析方法是以一定的价值判断作为出发点和基础，提出行为标准，并以此作为处理经济问题和制定经济政策的依据，探讨如何使用这些标准的分析和研究方法。规范经济学研究和回答的经济问题是：（1）经济活动应该是什么？或社会面临的经济问题应该怎样解决？（2）什么方案是好的？什么方案是不好的？（3）采用某种方案是否应该？是否合理？为什么要作出这样的选择？规范经济学涉及对经济行为和经济政策对人们福利的影响和评价问题，涉及是非善恶及合理与否等问题，与伦理学、道德学相似，具有规范人们行为的性质。由于人们的立场、观点、伦理和道德观念不同，对同一经济事物、经济政策和经济问题会有迥然不同的意见和价值判断。

对于应该做什么、应该怎么办的问题，不同的经济学家可能会有完全不同的结论。

对于实证分析方法和规范分析方法之间的关系，N. 格里高利·曼昆（N. Gergory Mankiw）在其所著的《经济学原理（微观经济学分册）》中做了如下形象的描述："实证表述和规范表述之间的关键差别是我们如何判断它们的正确性。从原则上说，我们可以通过检验证据而确认或否定实证表述。……与此相比，评价规范表述涉及价值观和事实。仅仅靠数据不能判断规范的表述。确定什么是好政策或什么是坏政策不仅仅是一个科学问题，它还涉及我们对伦理、宗教和政治哲学的看法。……实证表述和规范表述基本上是不同的，但在一个人的观念中它们通常相互关联。特别是，关于世界如何运行的实证观点将影响什么是政策合意的规范观点。"[①]

本书采用实证分析方法和规范分析方法相结合来研究侵权法，分析预测各种可选择的侵权法律制度安排的效果，并进一步阐明对不同种类的侵权行为，应该适用何种归责原则和损害赔偿规则。

笔者在本书中主要采用了以下两种实证分析方法：

第一，成本—效益分析方法。成本—效益分析是通过比较项目的全部成本和效益来评估项目价值的一种方法，它的基本原理是：针对某项支出目标，提出若干实现该目标的方案，运用一定的技术方法，计算出每种方案的成本和收益，通过比较方法，并依据一定的原则，选择最优的决策方案。成本—效益分析方法的概念首次出现在19世纪法国经济学家朱乐斯·帕帕特的著作中，被定义为"社会的改良"。其后，这一概念被意大利经济学家帕累托重新界定。到1940年，美国经济学家卡尔多和希克斯对前人的理论加以提炼，形

---

[①] 曼昆. 经济学原理（微观经济学分册第4版）[M]. 梁小民，译. 北京：北京大学出版社，2006：29.

成了"成本—效益"分析的理论基础,即卡尔多—希克斯效率标准。①

第二,理论假定和逻辑证明。理论假定和逻辑证明是指在确定严格约束条件的基础上,对相关法律因素进行筛选,根据彼此间的函数关系提出相应的经济学公式或者建立研究模型,用以描述、预测某种法律现象的可能趋势。②

### 三、激励分析方法

激励分析是现代经济学理论研究经济主体行为的一种重要分析方法,尤其适用于研究分析经济主体的预期行为。波斯纳指出,法律经济学主要从事事前分析研究。它注重于随政策、法律及其他可变因素变化的预期行为刺激。风险决策的经济分析模型假设,个人基于它们是否会给他们招致风险的客观可能性而使他们的预期效用最大化。传统的英美法学研究主要是考察已经发生的事件及案例,是一种"事后研究"(ex post approach),而法律经济学主要从事的是一种"事前研究"(ex ante approach)。"对法律经济学家而言,过去只是一种'沉没了的'成本,他们将法律看成一种影响未来行为的激励系统。"例如,侵权法的经济分析就会考察不同规则对安全投入的效应,而不是考察它们解决争议或对个人权利侵犯之损害赔偿的充分性。而且,法律经济学不是在"全部赔偿"的概念下评价对损失的赔偿,而是要评估事故前个人应购置的最佳保险。③

---

① 该部分内容主要引自互动百科,具体网址为:http://www.hudong.com/wiki/%E6%88%90%E6%9C%AC%E6%95%88%E7%9B%8A%E5%88%86%E6%9E%90。访问日期为2009年8月15日。
② 冯玉军. 法经济学范式 [M]. 北京:清华大学出版社,2009:225.
③ 理查德·A. 波斯纳. 法律的经济分析 [M]. 蒋兆康,林毅夫,译. 北京:中国大百科全书出版社,1997:15.

## 四、均衡分析方法

经济学中的均衡,是指任何一个经济决策者都不能通过改变自己的决策来增加利益。在这种状态下,只要其他人不改变其行为,就没有一个人能从改变自己的行为中获得好处,从而也没有激励机制去改变它。均衡分析方法,是指在假定各经济变量及其关系已知的情况下,考察达到均衡状态的条件和状况的分析方法。

均衡分析方法是研究各种经济变量如何趋于平衡的方法。经济学家马歇尔首次将均衡概念引入经济学的分析当中,他把经济活动中各种对立的、变动的力量处于一种力量相当、相对静止、不再变动的状态称为均衡。具体来讲,就是在一般的市场经济活动中,每个人都想通过交换获得能提供最大满足欲望能力的物品组合,他们彼此之间就欲望的满足形成一定的价格,互相制约,逐步达到需求等于供给,从而出现价格不再变动而持久不变的情形,这是一种使社会财富持续、高效递增的状态。[1] 均衡研究方法主要研究各种经济力量达到均衡所需要的条件和均衡实现稳定的条件。[2] 均衡分析方法有两种:(1)局部均衡分析,局部均衡分析是指假定在其他条件不变的情况下,考察单一的商品市场达到均衡的状况和条件;(2)一般均衡分析,一般均衡分析是指在充分考虑所有经济变量之间关系的情况下,考察整个经济系统完全达到均衡状态时的状况以及达到均衡的条件。

均衡分析法侧重于对经济数量关系进行研究,其科学性在正确的思想和理论指导下是不容怀疑的。但当代西方经济学家在运用均衡分析方法时过于关注量的平衡,往往忽视背后质的关系,甚至用

---

[1] 冯玉军. 法经济学范式 [M]. 北京:清华大学出版社,2009:288.
[2] 何爱平. 马克思经济学与西方经济学方法论比较研究 [J]. 经济纵横,2008(4):32.

量的平衡取代质的同一性,这往往会掩盖事物发展的本来面貌。①

从规范意义上讲,所有的法律都是在利益相互对立、冲突的主体之间寻求均衡,通过恰当地安排他们的权利和义务以及责任,促成广泛的合意与妥协,有效实现彼此的利益最大化,合理消除主体间的行为和思想冲突,从而使他们找到法律这一最佳联结点。笔者在本书中使用了均衡分析的方法,考察适用何种侵权行为归责原则和/或损害赔偿规则可以达到均衡状态。

### 五、博弈论方法

博弈论是研究决策主体的行为发生直接相互作用时的决策以及这种决策的均衡问题。1944年著名数学家约翰·冯·诺依曼(John von Newnam)与著名经济学家奥斯卡·摩根斯坦(Oskar Morgenstern)合著的《博弈理论与经济行为》的出版,标志着博弈论的诞生。现在,博弈论已经成为经济学家研究理性选择问题的重要分析工具。在博弈论里,个人效用函数不仅依赖于个人自己的选择,而且依赖于他人的选择,个人的最优选择是他人选择的函数。

在博弈论中,决策主体的思维方式仍然是成本收益,但考察重点却是将决策主体放置于一定的社会关系中来考察各自的成本收益、相互成本收益,以及对各自选择的影响。②博弈论对于法经济学分析十分有利,因为,法律关系中任何一方当事人的行为选择,不仅取决于自身因素,而且也必然受到对方当事人行为选择的影响。

应用博弈论分析侵权法,就是要考察侵害人和受害人作为理性的个体在知道法律的规定及其双方行为相互影响时,如何选择各自行为的问题。

---

① 何爱平. 马克思经济学与西方经济学方法论比较研究[J]. 经济纵横, 2008 (4): 32-33.
② 王成. 侵权损害赔偿的经济分析[M]. 北京: 中国人民大学出版社, 2002: 42.

## 第五节　小结

笔者在本章中论述了侵权法分析的法经济学理论基础和研究方法，希望通过这一章的简要分析，在对侵权法具体问题进行经济学分析之前，将论文写作所依据的法经济学基本理论和所适用的研究方法予以明晰，以求为本书的研究奠定理论基础。

在本书中，笔者将侵权法律关系的当事人，即侵害人和受害人，假设成经济人，分析和研究他们在法律资源稀缺的情况下，为了达到个人效用最大化的目标，如何在相关侵权法律制度的引导下，进行成本—效益分析，进行博弈，以及如何理性地选择自己的行为。笔者试图使用个人主义方法论、实证分析、规范分析、激励分析、均衡分析和博弈论等法经济学的分析工具，对侵权法律制度规制下的侵害人和受害人的上述行为进行系统分析，分析相关侵权法律制度是否能够实现帕累托最优，抑或卡尔多—希克斯效率？是否有利于达到一种均衡状态，取得社会最优的结果？正是从这个思路出发，笔者在以后的章节中将逐步深入地对侵权法进行经济学分析。

# 第三章　侵权行为构成要件的经济学分析

## 第一节　损害——基于威慑效能分析

### 一、侵害人收益 Vs 受害人损失

发生损害是要求侵害人承担侵权责任的条件，经济学将损害理解成受害人效用水平的降低，即受害人遭受损失，而对于侵害人来讲，与受害人损失相伴而生的往往是侵害人从中获益。因此，在确定侵害人所应承担的侵权责任方面，就存在两种机制：（1）以侵害人获得的收益（以下简称"侵害人收益"）为基础确定侵权责任的机制；（2）以受害人遭受的损失（以下简称"受害人损失"）为基础确定侵权责任的机制。侵权责任的确定机制问题与损害密切相关，本节试图从经济学视角对这两种侵权责任确定机制的威慑效能进行分析和研究。

在对社会损害行为的威慑方面，如果能够对侵害人收益和受害人损失加以正确估算的话,无论以侵害人收益为基础确定侵权责任还是以受害人损失为基础确定侵权责任,二者均能发挥最优的威慑效能。采用以侵害人收益为基础确定侵权责任时,侵害人收益因为侵权责任的承担而导致最终无法获得,必然促使侵害人采取适当的预防水平,以避免社会损害行为的发生。采用以受害人损失为基础确定侵权责任时,因为社会损害行为所造成的损失及所产生的责任水平均超过侵害人收益,所以以损失为基础确定侵权责任则会促使侵害人采取适当的预防水平,以避免社会损害行为的发生。

如果负责确定侵权责任水平的立法者和/或法院在估算收益和/或损失时存在错误,那么在对侵害人收益和受害人损失进行计算时就应将该种错误考虑在内。当然,行为人事先是否知晓该种错误也会影响责任水平的确定。只有当收益高于其预期所应承担的侵权责任时,行为人才会从事损害行为。而收益是否高于预期责任,则取决于所适用的归责原则及行为人在行为之前是否知晓立法者和/或法院会错误估算其收益及其行为所造成的损失。

侵害人收益总和减去受害人损失总和即为社会福利。当收益高于损失时,任何人都会从事损害行为,相反,当损失高于收益时,任何人都会避免从事损害行为。

波林斯基和萨维尔曾于1994年发表论文,区分过错责任归责原则和严格责任归责原则,对以侵害人收益为基础确定侵权责任和以受害人损失为基础确定侵权责任这两种侵权责任确定机制在对行为人从事损害行为方面能发挥的威慑作用的优劣进行了系统分析。[1]

---

[1] Polinsky A. Mitchell, Shavell Steven,. Should Liability be Based on the Harm to the Victim or the Gain to the Injurer? [J]. Journal of Law, Economics, and Organization, 1994 (10):427-437.

## （一）过错责任归责原则下的威慑效能分析

### 1. 无法律错误

不存在法律错误时，无论以侵害人收益为基础确定侵权责任还是以受害人损失为基础确定侵权责任，二者均能发挥最优的威慑效能。如果不存在法律错误且侵害人有过错（即当侵害人收益小于受害人损失时），如果以侵害人收益为基础确定侵权责任，责任水平即为侵害人收益，如果以受害人损失为基础确定侵权责任，责任水平即为受害人损失。在以侵害人收益为基础确定侵权责任的情况下，当侵害人收益小于受害人损失时，即可发挥对行为人从事损害行为的威慑作用，因为其收益最终会因侵权责任的承担而丧失。同样地，在以受害人损失为基础确定侵权责任的情况下，当侵害人收益小于受害人损失时，也可发挥对行为人从事损害行为的威慑作用，因为其需要承担的责任高于其收益。

### 2. 有法律错误且被行为人预期

存在法律错误且行为人能够预期该种法律错误时，以侵害人收益为基础确定侵权责任的，预期侵权责任为收益与收益误差值之和；以受害人损失为基础确定侵权责任的，预期侵权责任为损失与损失误差值之和。

在仅有收益被错误估算的情况下，以受害人损失为基础确定侵权责任要优于以侵害人收益为基础确定侵权责任，尤其当收益被低估时，以侵害人收益为基础确定侵权责任无法起到促使行为人避免从事损害行为的威慑作用，即使收益低于损失时也是如此，但是，此时如果采用以受害人损失为基础来确定侵权责任，却能起到对行为人从事损害行为的威慑作用。假设收益被错误估算且侵害人存在过错时（只有当收益与收益误差值之和小于损失时，侵害人才是有过错的），采用以受害人损失为基础确定侵权责任的，除非收益大于损失，否则侵害人不会从事损害行为。采用以侵害人收益为基础确定侵权责任的，行为人预期需要承担的侵权责任为收益与收益误差值之和。只要收益被低估，因预期的侵权责任低于收益，行为人必然会从事损害行为，该种情况还会造成社会损失，即收益低于损失时收益与损失的差额部分。以受害人损失为基础确定侵权责任的，当收益高于损失时也会产生同样的社会损失。当收益被高估时，即收益误差值为正值，因侵害人有过错则收益必然小于损失，此时，与以受害人损失为基础确定侵权责任一样，以侵害人收益为基础确定侵权责任也能发挥对行为人从事损害行为的威慑作用。

在收益和损失均被错误估算的情况下，以受害人损失为基础确定侵权责任要优于以侵害人收益为基础确定侵权责任。假设收益和损失均被错误估算且侵害人存在过错时（只有当收益与收益误差值之和小于损失与损失误差值之和时，侵害人才是有过错的），当收益被高估时，即收益误差值为正值，因侵害人存在过错，所以收益必然小于损失与损失误差值之和，此时，无论以侵害人收益为基础确定侵权责任还是以受害人损失为基础确定侵权责任，因收益均小于预期侵权责任，所以二者均能发挥最优的威慑效能。当收益大于损失与损失误差值之和时，因侵害人存在过错，所以收益必然被低估，即收益误差值为负值，此时，无论以侵害人收益为基础确定侵权责任还是以受害人损失为基础确定侵权责任，因收益均大于预期侵权责任，所以二者均不能发挥对行为人从事损害行为的威慑效能。对于以侵害人收益为基础确定侵权责任和以受害人损失为基础确定侵权责任而言，只有当收益被低估且其小于损失与损失误差值之和时，才能区分出二者的优劣性，此时，以侵害人收益为基础确定侵权责任无法像以受害人损失为基础确定侵权责任那样发挥对行为人从事损害行为的威慑作用。

总之，收益估算错误会造成很大的社会成本，因为当收益明显低于损失时，这种错误会促使行为人去从事损害行为。相反，损失估算错误只能造成很小的社会成本,因为只有当其收益高于估算的损失时,行为人才会从事损害行为。

3. 有法律错误但不为行为人所预期

存在法律错误且行为人事先不能预期该种错误时,以受害人损失为基础确定侵权责任要优于以侵害人收益为基础确定侵权责任。当存在法律错误且行为人事先不能预期该种错误时,行为人会计算其行为存在过错的几率及有过错时责任水平的几率分布。因为侵害人有过错时收益与收益误差值之和低于损失与损失误差值之和,所以,以收益为基础所确定的预期侵权责任值要低于以损失为基础所确定的预期侵权责任值。当收益低于侵害人存在过错的几率与以收益为基础所确定的预期责任值之积时,二者均能发挥对行为人从事损害行为的威慑作用,但是当收益高于侵害人存在过错的几率与以损失为基础所确定的预期责任值之积时,二者均不能发挥对行为人从事损害行为的威慑作用。只有当收益大于侵害人存在过错的几率与以收益为基础所确定的预期责任值之积且小于侵害人存在过错的几率与以损失为基础所确定的预期责任值之积时,采用以收益为基础确定侵权责任则无法像以损失为基础确定侵权责任那样发挥对行为人从事损害行为的威慑作用。当侵害人存在过错的几率与以损失为基础所确定的预期责任值之积高于收益且低于损失时,从事损害行为则会降低社会福利。

(二) 严格责任归责原则下的威慑效能分析

在严格责任归责原则下,似乎以侵害人收益为基础确定侵权责任更优,因为其收益最终因侵权责任的承担而丧失,这样就能起到促使侵害人避免从事损害行为的作用。但是,当存在法律错误时的具体情况如何还需另行分析。

1. 有法律错误且被行为人预期

存在法律错误且为行为人所预期时,以侵害人收益为基础确定侵权责任的，预期侵权责任为收益与收益误差值之和；以受害人损失为基础确定侵权责任的，预期侵权责任为损失与损失误差值之和。因此，无论采用以侵害人收益为基础确定侵权责任，还是采用以受害人损失为基础确定侵权责任，一旦收益高于预期侵权责任，行为人就会从事损害行为，而一旦收益低于预期侵权责任，行为人就不会从事损害行为。因此，二者均能发挥威慑行为人从事损害行为的作用，但是，后者在一定程度上要优于前者，因为当收益低于损失时，前者更容易促使行为人从事损害行为。

2. 有法律错误但不为行为人所预期

存在法律错误但不为行为人所预期时，以侵害人收益为基础确定侵权责任的，预期侵权责任为收益；以受害人损失为基础确定侵权责任的，预期侵权责任为损失。以侵害人收益为基础确定侵权责任的，不论侵害人收益和受害人损失之间存在何种差异，都能起到威慑行为人从事损害行为的作用，但是当收益大于损失时，最终结果是社会所不期望的。以受害人损失为基础确定侵权责任的，只有当收益高于损失的，行为人才会从事损害行为，此时可以取得最优的威慑。

综上，笔者认为以受害人损失为基础确定侵权责任要优于以侵害人收益为基础确定侵权责任，因为前者更有利于发挥对行为人的预防激励，也更符合损害本身蕴含的经济学本质。考虑到法律制度在估算侵害人收益和/或受害人损失方面可能存在错误的情况，以侵害人收益为基础确定侵权责任则必然存在缺陷，其对许多社会损害行为无法起到有效的威慑作用。因为当受害人损失明显超过侵害人收益时，对侵害人收益的低估可能促使侵害人从事损害行为，这必然造成很大的社会成本。而以受害人损失为基础确定侵权责任在对社会损害行为的威慑方面更优，因为当受害人损失明显超过侵害人收益时，对受害人损失的错误估算不会导致侵害人从事损害行为。

因此，无论采用过错责任归责原则还是采用严格责任归责原则，大多都是以受害人损失为基础确定侵权责任。

## 二、事前安全规制 Vs 事后损害责任

为预防损害发生，一方面，可以通过设定标准或禁止规定在损害发生之前进行安全规制；另一方面，可以通过设立损害责任促使行为人在损害发生之后进行责任承担。前者通过强加一种义务，修正行为人的行为，以避免损害发生，在本节被笔者称为事前安全规制，主要适用于火灾风险的控制、食品和药品的生产和销售、污染物的产生、爆炸物和其他相关危险品的运输和使用等方面。后者则通过损害诉讼结果及损害责任的威慑影响，促使行为人采取预防措施以避免损害发生，在本节被笔者称为事后损害责任，主要适用于民事侵权行为。二者虽然均能起到预防损害发生的效果，但因受相关因素的影响，在发挥预防和威慑损害发生方面具有不同的优劣性。[①] 影响二者发挥作用的相关因素有四种：

第一，相关主体所掌握的与损害有关的信息不对称，这些信息一般包括损害行为的后果（包含侵害人收益和受害人损失）、减少损害行为发生需花费的成本、损害发生的几率及损害的严重性等信息。通常来说，作为事后损害责任主体的当事方要比事前负责安全规制的主体在对损害信息的掌握方面相对具有优势，因为事前安全规制者要想获得大量的损害信息，需要持续地对损害当事方的行为进行观察，并且得出的判断实际上也是一种几率判断。但是，在特定情况下，对某些需要专门知识进行评估的特殊信息，因事前安全规制者可以运用大量的社会资源，此时，作为损害责任主体的当事方就

---

[①] Shavell Steven. Liability for Harm Versus Regulation of Safety [J]. J. Legal Study, 1984(13):358-366.

没有优势了。

第二，作为事后损害责任主体的侵害人可能没有能力支付所有的损害，此时，事后损害责任在控制损害行为发生方面则不能提供充分的激励，因为，一旦需要承担的损害责任超出其所拥有的价值，行为人则无法承担超出其所拥有价值部分的损害责任。而事前安全规制与行为人能否承担所有的损害责任无关，因为行为人在行为时需要按照事前安全规制的标准进行，进而必然可以避免损害行为的发生。

第三，作为事后损害责任主体的行为人可能不会因损害行为被起诉，这也会导致对某些损害的预防不足，所以，如果仅考虑到这一因素，事前安全规制要优于事后损害责任。造成行为人可能不会被起诉的原因，一是因行为人所造成的损害是分散的，单一受害人无法起诉；二是损害结果的出现需经历一定的时间，等损害结果出现时已经过了诉讼时效；三是证明行为人有损害责任存在困难。

第四，事前安全规制和事后损害责任所花费的管理成本不同。事前安全规制涉及的管理成本主要包括维护规制设施的公共费用和遵从规制标准的私人费用。事后损害责任涉及的管理成本主要包括当事方进行损害诉讼所花费的时间成本和法律费用以及法院审理损害诉讼案件所需花费的公共费用。因为只有损害发生时才需要花费事后损害责任方面的管理成本，而事前安全规制所花费的管理成本与损害是否发生无关，所以，在管理成本方面，事后损害责任要优于事前安全规制。

## 第二节　因果关系

因果关系是哲学上的概念，是指客观事物、现象的前因后果的关联性。侵权法上的因果关系是指行为人的行为与损害结果之间的因果关系。在如何认定行为人的行为和损害结果间有因果关系问题上，法学界众说纷纭，意见不统一。传统法学理论区分了两种因果关系，第一种是事实原因，并且经常使用"条件检验法"来确定事实原因，第二种是近因。经济学也对这两种因果关系进行了分析。对于事实原因，主要采用了实证分析方法；对于近因，则主要采用规范分析的方法。

## 一、事实原因和近因

对于事实原因，经济学最初运用了成本—效益分析方法，这一方法主要基于事故成本最小化的社会目标，即如果一方为避免事故发生拟花费的成本要低于所造成的损害，那么他所从事的侵权行为便构成损害后果的唯一法律原因，他就需承担相应的侵权责任。在验证行为人的行为和损害结果之间是否存在因果关系问题上，卡拉布雷西（1975）提出了两种理论，第一种是"原因联系说"，即如果某一行为增加了侵害行为发生的几率，则可以认定该行为与损害结果之间存在因果联系。第二种是"条件检验条款"，即如果不发生该行为，就不会造成损害结果，即可认定该行为和损害结果之间存在因果关系。[1] 萨维尔（1980）又将该理论进一步深化，将因果关系区分成"可追溯原因"和"预期原因"，前者基本上与"条件检验条款"的内容一致，解决了如何确定行为人的行为是否构成损害后果是必要条件的问题，在这个问题上，萨维尔指出，最优注意水平是由采取注意义务的成本所确定的，而未尽注意义务的程度则构成预期损失的原因，损害是由于侵害人没有施加更高水平的注意义

---

[1] Calabresi Guido. Concerning Cause and the Law of Torts: An Essay for Harry Kalven [J]. University of Chicago Law Review, 1975(43):69-100.

务所造成的。后者则与"原因联系说"的内容大致相同,解决了行为人的行为是否增加了损害发生几率的问题。[1] 上述对因果关系的区分研究,尤其是"预期—几率"因果关系分析,丰富和促进了法律的规范分析和实证分析研究。几率因果关系理论已经成为侵权法经济学分析的重要部分。

从经济学视角分析近因,主要包含两层含义:第一层含义是指损害的发生是行为人行为的直接和预期后果;第二层含义与"巧合"有关,是指损害结果的发生属于行为人行为的异常后果,仅仅因"巧合",行为人的行为才造成了损害结果的发生,因为即使存在该因素,损害后果也能避免。比如,一辆超速行驶的汽车刚好碰上了路边一棵歪倒的大树,因为汽车超速行驶造成了事故的发生,但是正常来说,即使汽车比现在速度还快,事故也是可以避免的。对于该类情况,如果免除行为人的侵权责任,则使得行为人没有负担因其行为所造成的社会成本的增加部分,必然导致预防不足。但是,除非认定巧合因果关系所花费的成本超出缩小责任范围所节省的费用,免除行为人的侵权责任却能降低管理成本。

## 二、因果关系和最优注意水平

如果未能采取预防措施会导致更大的社会损失,那么该措施就是社会所期望的。在确定最优的注意水平时,需要对注意的成本和收益进行平衡。注意收益仅仅在采取注意能够降低损害的现实世界状态下才产生。但是,不管该现实世界状态是否会出现,注意成本均在其出现之前就已经存在了。萨维尔(1987)指出,在给定某种现实世界状态的条件下,如果实施了另外一种不同的注意水平,将

---

[1] Shavell Steven. An Analysis of Causation and the Scope of Liability in the Law of Torts [J]. Journal of Legal Studies, 1980(9):463-516.

会导致不同的预期损失水平，那么就可以说，这一种注意水平和这一种损失之间就具有必要的因果关系。他还进一步指出，社会最优注意水平仅取决于这样一种现实世界状态，在该状态下，侵害人的注意水平将会成为所发生的任一损失的必要原因。[①]

对于侵权责任归责原则而言，需要施加一种因果关系限制，这样才能达到最优的注意水平。萨维尔（1980）所提出的责任范围这一概念则集中体现了这种因果关系限制。根据萨维尔的观点，责任范围是指适用于侵权责任的一系列现实世界状态。在给定损害后果的条件下，如果存在一些侵害人无须承担侵权责任的现实世界状态，那么，此时责任范围就是被限制的。在发生损害后果的任一时间内，不论处于何种现实世界状态，如果侵害人都需承担侵权责任，那么，此时责任范围就是不受限制的。侵权法律机制的内容不仅包含如何确定合理注意水平和侵权责任大小，也必然包含如何确定责任范围。如果一种行为不属于损害的必要原因，那么，该损害就会处于行为人责任范围之外。通过对不在行为人控制之内的外部条件所造成的影响进行研究而将责任范围的确定问题纳入分析，很好地扩展了经济学分析的模式。当损害的几率及大小取决于外部条件时，在侵权责任归责原则下对这些条件进行分析就会成为必要。[②]

## （一）过错责任归责原则下因果关系限制对最优注意水平的激励影响

在过错责任归责原则下，法院需要确定合理注意水平、侵权责任大小和侵权责任范围。假设侵权责任大小等于受害人实际损失，那么需要确定的问题就是在确定合理注意水平时应将哪些损失考虑

---

[①] Shavell Steven. Economic Analysis of Accident Law[M]. Cambridge, Mass.: Harvard University Press, 1987: 118 – 121.

[②] Shavell Steven. An Analysis of Causation and the Scope of Liability in the Law of Torts [J]. Journal of Legal Studies, 1980(9): 463 – 516.

在内以及在何种现实世界状态下事故处于责任范围之内。

合理注意水平应是最优的注意水平，应达到可以减少损失的状态，并且该种注意和损害后果之间具有必要因果关系。应将与损失的发生没有关联的注意排除在过错责任归责原则之外。

合理注意水平一旦确定，责任范围对激励的影响是十分有限的。不论责任范围的限制如何，侵害人均会实施最优的合理注意水平。并且不受限制的责任范围不是必然可以取得威慑侵害人从事行为的效果。在过错责任归责原则下，侵害人被引导采取合理注意以避免责任，对于责任范围毫不关心。只要扩大的责任范围不会增加合理注意水平，本质上不会产生不利的激励影响。如果责任范围被限制过大，即不包含侵害人的注意义务可能会减少损失的所有现实世界状态，侵害人可能被引导采取较小的注意水平。侵害人会将注意成本和责任成本进行比较，如果责任成本较小，对于侵害人而言，采取合理注意的激励将会被扭曲。

## （二）严格责任归责原则下因果关系限制对最优注意水平的激励影响

在严格责任归责原则下，法院需要确定侵权责任大小及侵权责任范围。假设侵权责任大小等于受害人实际损失，那么，此时需要确定的就是事故是否处于责任范围之内。不同责任范围对注意水平具有不同的激励影响。

只要责任范围包含了这种侵害人的注意和损害后果之间存在必要因果关系的现实世界状态，那么，对于侵害人就会产生采取注意的最优激励。如果责任范围受到的限制过大，即不包含侵害人因其采取注意而可能改变损害后果的现实世界状态，那么，对于侵害人就不会产生采取注意的充分激励，在这种情况下，侵害人将会忽略其采取注意的一些社会收益，即发生在责任范围之外的现实世界状态中的预期损失减少，并对注意投资不足。相反，如果责任范围受到了最优限制，即仅包含这种侵害人注意和损害后果具有必要因果关系的现实世界状态，那么，侵害人将会仅承担因其行为导致的预期损失的增加值，并且拥有采取注意的最优激励。同样，如果责任范围不受限制，即每当损害发生时，不管属于何种现实世界状态，侵害人都需承担侵权责任，侵害人也会实施最优的注意。不受限制的责任范围本身没有扭曲侵害人采取注意的激励。即使侵害人需要承担如其采取注意也不能避免的损失，侵害人也不会施加更高水平的注意。在注意和损害后果不具有必要因果关系的现实世界状态中，采取更高水平的注意也不能避免损失的发生，因此不能降低其预期责任。综上，侵害人采取注意的激励仅会受到限制过大的责任范围的影响。

## 三、因果关系中的不确定性

因果关系中的不确定性所研究的问题是，对于那些无法直接确定是由行为人的行为所导致的损害，在何种条件下才需行为人承担责任？经济学者提出两种标准来解决这一问题：一是最低几率标准；二是比例责任标准。

### （一）最低几率标准

最低几率标准属于一种"非全有即全无"的标准，其含义是指只有当因果关系的几率超过某一给定的最低几率的条件下，才能适用责任规则。虽然最低几率可以任意设定，但是最普遍的最低几率标准是多数普通法管辖权中所适用的"证据优势规则"，即设定最低几率为50%，只有当侵害人是造成受害人损失的原因大于侵害人不是造成受害人损失的原因时，才能适用相关的责任规则。[①] 然而，在

---

[①] 斯蒂文·萨维尔. 事故法的经济分析 [M]. 翟继光, 译. 北京：北京大学出版社，2004：133.

有些案例中，实行举证责任倒置，并假定被告是损害的原因，被告在证明其不是损失的原因过程中需要满足 50% 的几率。传统侵权法一般采用最低几率标准，因为，传统侵权法认为，当行为人的行为成为引起事故发生的实质因素时，其应该承担全部的责任。

与比例责任标准相比，最低几率标准具有以下优势：

1. 实现错误成本最小化

戴维·H. 凯（David H. Kaye）（1982）是最早从经济学视角系统地对最低几率标准和比例责任标准进行比较分析的学者。他指出，50% 的最低几率标准不仅优于其他的最低几率标准，而且也优于比例责任标准。凯的论证是建立在这样一个假设的基础之上的：侵权裁决的社会目标是使得责任决策的事后错误成本最小化，他在论证过程中没有考虑责任规则的事前激励影响，而是假设法院裁决可能产生的两种错误——主动错误信息和被动错误信息——都是花费成本的。[①] 萨维尔在其所著的《事故法的经济学分析》中将错误成本定义为在并非侵害人造成损失的情况下，侵害人所支付的金钱数额与侵害人实际上造成了损失的情况下却不用支付的金钱数额之和。[②] 50%最低几率标准最有利于实现错误成本最小化，这一观点可以通过如下事例予以说明：假设事故造成的损失为 200 元，事故由被告引起的几率为 30%，根据 50%的最低几率标准，被告无须承担责任，预期错误成本等于 60 元（被告为实际侵害人的几率为 30%，在这种情况下，其少支付了 140 元，预期错误成本为 30%×200 元 = 60 元）；根据比例责任标准，被告需要承担的责任数额为 60 元（30%×200 元），预期错误成本等于 84 元（被告为实际侵害人的几率为 30%，

---

[①] Kaye David H.. The Limits of the Preponderance of the Evidence Standard: Justifiably Naked Statistical Evidence and Multiple Causation [J]. American Bar Foundation Research Journal, 1982(2): 487 – 516.

[②] 斯蒂文·萨维尔. 事故法的经济分析 [M]. 翟继光, 译. 北京：北京大学出版社, 2004: 135.

在这种情况下，其少支付了 200 元 – 60 元 = 140 元，因此，此时的预期错误成本为30%×140 元 = 42 元；被告不是实际侵害人的几率为70%，在这种情况下，其多支付了 60 元，因此，此时的预期错误成本将为70%×60 元 = 42 元，那么，总预期错误成本为 42 元 + 42 元 = 84 元），由此可见，在50%最低几率标准下，预期错误成本较低。

2. 降低因果关系的不确定性

如果不确定性是内生的，并且随着对当事方举证激励的不同而变化，那么责任规则也将根据不确定性的程度予以变化。索尔·莱夫莫尔（Saul Levmore）（1990）主张，高标准的最低几率将会促使当事方提供更多的证据，从而促使不确定性程度达到最小。当不确定性程度很高且难以识别侵害人时，如设置足够高的几率标准，原告就会面临被拒绝赔偿的可能，这将会促使原告致力于获取充分证据以识别出真正的侵害人。相反，在"市场份额法"下，因为不管不确定性程度如何，原告均能获得充分的赔偿，所以原告无须为识别真正的侵害人而努力（当然，如果被告获取了优势证据，"市场份额法"将会对被告产生提供证据的最大激励）。此外，最低几率标准关注的是事后的裁决机制的本质，而不是事前的责任规则的激励作用。

3. 减少管理成本

与比例责任标准相比，最低几率标准更有利于减少管理成本。因为：(1) 在比例责任标准下，提起诉讼的案件数量较多，那些因果关系几率低于最低几率的案件，在最低几率标准下不会被提起诉讼，而在比例责任标准下却会被提起诉讼；(2) 适用比例责任标准时，案件涉及的被告数量较多，这样必然会增加案件的诉讼成本；(3) 适用比例责任标准时，法院需事先确定出被告构成损害原因的几率问题，而在最低几率标准下，仅需要确定出因果关系的几率是否超出最低几率即可。

## (二) 比例责任标准

比例责任标准，是指只要发生了由被告所引起的损害，被告就应该承担侵权责任，但是其责任大小将会随因果关系的变化而变化。最常用的标准就是"市场份额法"，即被告责任等于受害人实际损失乘以因果关系的几率。自 20 世纪 80 年代开始，因为灾难性事故的发生，比例责任标准开始受到重视。美国法院比较倾向于适用这一标准，在 Sindell v. Abbott Laboratories 607 P. 2d 924（1980）案件中，法院认定，每一生产厂家应按其市场份额承担受害人的部分损失。[1]

比例责任标准的优势体现在以下两点：

### 1. 实现社会最优的注意水平

从比例责任标准所具有的事前威慑效能分析，它更有利于实现社会最优的注意水平，而最低几率标准却扭曲了对当事方采取注意的激励，从而无法实现社会最优的注意水平。在采取最低几率标准下，如果因果关系的几率系统地低于最低几率，侵害人因其所需承担的责任很小，就会采取低于最优的注意。如果因果关系的几率系统地高于最低几率，那么对侵害人采取注意的激励就会过多。在严格责任归责原则下，因侵害人需要承担金额超过其所实际造成损失的全部损失，所以会存在上述的过多激励，那么侵害人就会采取过多的注意。因为一经确定侵害人属于造成损失的可能原因，并需承担所有损失，那么侵害人就会采取措施避免其成为造成损失的可能原因，从而使其成为损失原因的几率得以降低。这样看来，因果关系的几率会因侵害人采取的过多注意而改变，最终的结果可能是侵害人无须承担责任。在过错责任归责原则下，不会产生上述过多的

---

[1] Ben-Shahar Omri. Causation and Foreseeability[J]// Boudewijn Bouckaert, Gerrit De Geest. Encyclopedia of Law and Economics (Volume Ⅱ Civil Law and Economics). Cheltenham: Edward Elgar Publishing, 2000: 653.

激励问题,因为只要侵害人尽到合理注意,便无须承担责任,这样就会对侵害人产生采取合理注意的激励。相反,比例责任标准却有利于实现社会最优水平的注意,因为侵害人需要承担的预期责任与其行为造成的预期损失相等,因此,侵害人将在责任规则原则的引导下去采取最优的注意水平。

2. 实现社会最优的行为水平

同样,最低几率标准也扭曲了对当事人行为水平的激励。当因果关系的几率系统地高于最低几率时,在严格责任归责原则下,侵害人将会受到过多地威慑而不去从事行为,而在过错责任归责原则下,侵害人会采取合理注意以避免承担责任,但是,因为在确定过错过程中存在因果关系的不确定性问题,也可能出现侵害人不去从事行为的情况。当因果关系几率系统地低于最高几率时,不管是采用严格责任归责原则,还是采用过错责任归责原则,因侵害人所需承担的责任很小,那么,他就会过多地从事其行为。当采用比例责任标准时,不管因果关系不确定性问题是否存在,侵害人将有同样的激励去从事行为。

因最低几率标准和比例责任标准各有利弊,为实现侵权法律机制的事前目标(侵权法律机制的事前目标是为花费最低成本的证据提供方提供激励)和事后目标(侵权法律机制的事后目标是降低责任评估时存在的不确定性),应该设法将二者结合起来,为此,艾利尔·波拉特(Ariel Porat)和亚历克斯·斯坦(Alex Stein)(1997)提出了"不确定性责任"的概念,这是对于事故原因不确定的损害所施加的一种责任,损害的原因要么是引起不确定性问题出现的行为人,要么是有最好的机会避免不确定性问题出现的行为人。这样就导致行为人在消除不确定性方面进行最优的投资,并且事后当不确定性问题被消除后,一般的责任机制对于减少主要损害可以产生最优的激励。①

## 四、不可预见性

损害后果是否可以预见，在很大程度上将决定被告是否承担责任。那些能够以更低的成本防范事故发生的一方应该对事故承担更多的责任。因此，在原告能够采取措施有效预防损害发生的情况下，由被告承担全部责任是不合适的，侵害人只应该对可以预见的损害承担责任。因为按照经济学原理，如果侵害人不能预见损害后果，那么其就不是最低成本避免者。当损失发生的几率系统地被低估的话，要求侵害人承担全部损失的赔偿责任无法增加对注意的激励，所以那些发生几率很可能被侵害人予以低估的事故应排除在责任范围之外。

不可预见性可以用信息成本来解释，其在侵权法中的另一层意思为，昂贵的信息成本阻止了一方当事人采取措施预防所发生的特定事故，换言之，一旦风险信息被看作避免风险的一种成本，那么汉德公式（如图 3.1 所示）中的预防成本将会过高而对预防具有抑制作用。② 不可预见性规则给予拥有更多信息的一方当事人采取有效预防措施的激励。如果双方当事人均可以对事故进行预防，但原告的预防成本更低，或者由于拥有相对于被告更多防范事故的信息而降低了事故发生的几率，则被告可以免除由其过错造成的损害责任。

不可预见性规则有一个例外，即脆弱原则（Eggshell Skull Principle），即便被告无法预见受害人伤害的程度，侵权受害人仍将被允许取得其全部损害赔偿，因为受害人是异常的脆弱。不过，在这种情况下加入责任的理由是，为了使全部侵权损害赔偿相当于侵

---

① Ariel Porat, Alex Stein. Liability for Uncertainty: Making Evidential Damage Actionable[J/OL]. Cardozo Law Review, 1997 (18): 80. [2009 - 07 - 06]. http://repositories.cdlib.org/cgi/viewcontent.cgi? article = 1126&context = blewp.
② 理查德·A. 波斯纳. 法律的经济分析[M]. 蒋兆康, 林毅夫, 译. 北京：中国大百科全书出版社, 1997: 239.

权受害人的全部损害，就有必要在脆弱情况下加入责任以平衡"坚硬（Rock Skull）"（即受害人对侵害具有超常的抵抗力）情况下的无责任。

## 第三节 过错

在对过错进行界定时，经济学者大多采用成本—效益的分析方法，考察行为人是否尽到了合理注意义务，采取了适当的预防措施。过错要件限定了行为人应采取预防措施的适当水平。如果行为人采取预防的水平过低，则被认定为存在过错，从而构成侵权。如果行为人采取的预防水平等于或高于预防的适当水平，那么行为人就被认定为尽到了合理注意义务，从而没有构成侵权。立法者往往通过比较事故的成本和收益边际变化来确定适当的预防水平标准。考特和尤伦适用连续变量 $x$ 表示预防水平，适用 $x^*$ 表述法定的预防水平。当 $x < x^*$ 时，行为人就存在过错，其行为构成侵权，应当承担相应的侵权责任；当 $x \geq x^*$ 时，行为人没有过错，其行为不构成侵权，就无须承担侵权责任。

### 一、汉德公式——确定过错的标准

汉德公式是对过错进行经济学分析的一个非常著名的公式，它起源于美国法官利尔德·汉德（Learned Hand）关于美利坚合众国诉罗尔拖轮公司[①]一案的判决。汉德法官将所有者的责任用三种变量表示：（1）$P$ = 船只冲出泊位的几率；（2）$L$ = 如果冲出，其产生损害结果的严重性；（3）$B$ = 充分预防的负担。根据汉德法官的观点，

---

① United States v. Carroll Towing Co. ,159 F. 2d 169(2d Cir. 1947).

如果充分预防的负担（B）小于损害的几率（P）乘以产生损害结果的严重性（L），即 $B < P \times L$，那么所有者就是有过错的。

汉德公式是最早采用成本—效益方法来分析过错的。根据汉德公式，如果一方预防事故的成本低于事故的预期损失，那么就被认为是有过错的，并且在一般情况下，以过错为基础确定的责任规则（包含单一过错、比较过错和比较过错）将会促使理性的侵害人和受害人达到有效的预防水平。

（一）汉德公式的边际意义

波斯纳使用图 3.1 解释了汉德公式的边际意义，横轴代表注意（Units of Care），纵轴代表金额（美元）。PL 曲线描述了作为注意函数的预期事故成本的边际变化，根据注意能减少事故的假设，它将呈下降趋势。曲线 B 是注意边际成本，根据注意投入的稀有性决定了购买越多价格越高这一假设，它将呈上升趋势。两条曲线的交叉点（$C^*$）代表了适当注意，自 $C^*$ 往左，侵害人将负有过错责任，因为 $B < P \times L$；自 $C^*$ 往右，在此注意的成本大于减少预期事故成本的收益，侵害人不负过错责任。[①]

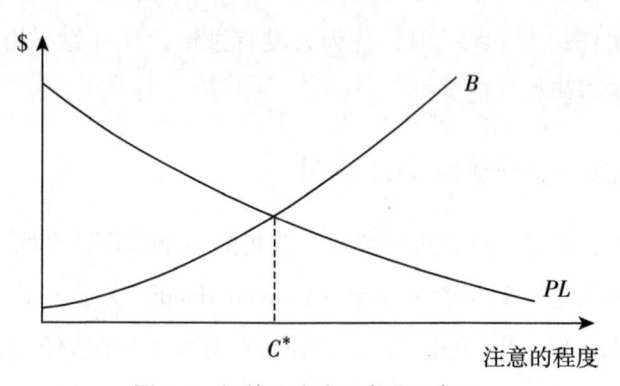

图 3.1 汉德公式边际意义示意图

---

[①] 理查德·A. 波斯纳. 法律的经济分析 [M]. 蒋兆康, 林毅夫, 译. 北京：中国大百科全书出版社, 1997：213.

汉德公式在边际意义上适用就要求对事故成本和预期事故成本进行边际比较，即通过衡量细微增长的成本和收益，来评估行为人是否已经达到了法定的注意标准，采取了有效的预防水平。根据汉德公式，如果侵害人的边际预防成本低于相应的边际收益，则负有过错责任，此时，如采取进一步的预防则是成本优化的。侵害人要想避免责任就得提高预防水平，使其行为的边际预防成本等于边际收益，即达到波斯纳上述分析中所提到的适当注意 $C^*$ 点，事故的预防成本和预期事故成本之和达到最低。

（二）基于促成意外事故社会成本最小化的目标

考特和尤伦在论述侵权责任的经济理论时，首先阐述了意外事故社会成本最小化的经济学原理。[①] 一件意外事故发生的几率（用 $p$ 来表示）随着预防水平（用 $x$ 来表示）的提高而降低，即 $p = p(x)$ 是关于 $x$ 的减函数。如果意外事故发生，它会产生诸如收入减少、财产损坏、医疗费用之类的社会成本。让 $A$ 来表示事故损害的货币价值，则 $A$ 与 $p$ 的乘积等于以金钱表示的损害的预期值（因为存在几率因素，所以称为预期值）。

与 $p(x)$ 相似，预期损害 $p(x)A$ 也是 $x$ 的减函数。如图 3.2 所示，横轴代表行为人的预防水平 $x$，纵轴代表用金钱表示的预期损害 $p(x)A$。在图中，曲线 $p(x)A$ 向下倾斜，说明随着预防水平的提高，预期损害下降。

采取预防措施常常意味着要在金钱、时间、便利等方面付出代价。假定每单位的预防成本为 $w$ 元，为了使分析简化，还假定 $w$ 是常数，不随 $x$ 的变化而变化。因此，$wx$ 即等于采取预防措施的总成本，曲线 $wx$ 在图中表示为一条经过原点、斜率为 $w$ 的直线。

---

[①] 罗伯特·D. 库特，托马斯·S. 尤伦. 法和经济学 [M]. 施少华，姜建强等，译. 上海：上海财经大学出版社，2002：256-258.

下图包含了意外事故的两种成本：预防成本和预期事故成本。在最简化的模型中，假定没有其他社会成本。加总预防成本和预期事故成本，得到意外事故的预期社会成本，用 $SC$ 来表示。下图中的预期社会成本曲线即是通过将 $wx$ 线和 $p(x)A$ 曲线在垂直于 $x$ 轴方向上相加而得到的。结果就是 $U$ 形曲线，表示 $SC = wx + p(x)A$。

因为预期成本曲线是 $U$ 形的，因此存在一点 $x$ 对应于曲线的最低点。这个值在下图中用 $x^*$ 来标识，就是使得预期社会成本最小的预防水平。有效性要求社会成本最小化，因此 $x^*$ 即为社会有效预防水平，此时实现了社会成本最小化。

当预防水平是有效时，预防成本的增加意味着预期事故成本的降低，从数学意义上考虑，单位预防成本的增加值（边际社会成本）等于单位预期事故成本（边际社会收益）的减少值，即 $w = -p'(x)A$。当 $w < -p'(x)A$ 时，意味着预防的边际社会成本低于边际社会收益，那么预防水平就低于有效性，需要采取更多的预防措施。当 $w > -p'(x)A$ 时，预防的社会成本高于边际社会收益，那么预防水平就超出了有效性，要求降低预防水平。

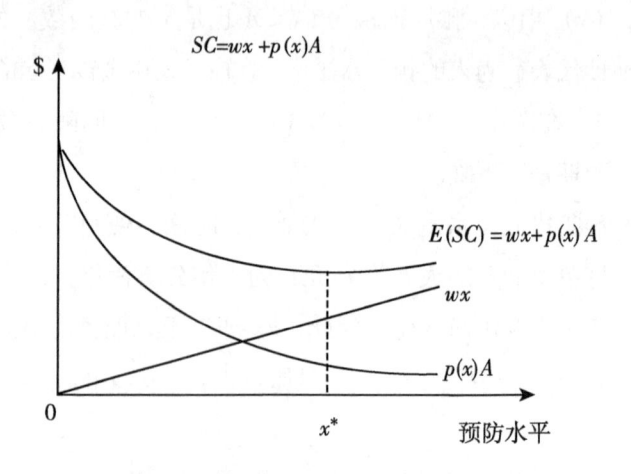

图 3.2 意外事故预期社会成本曲线图

在汉德公式中，代表预防负担的 $B$ 是避免事故发生所需花费的成本，即预防成本，代表产生损害后果严重性的 $p$ 其实属于事故本身的成本，$p$ 乘以 $L$（$p \times L$）——事故本身的成本，乘以损害的几率，实际就是经济学家所称的预期事故成本。根据考特和尤伦上述有关意外事故社会成本最小化理论来分析汉德公式，可以看出，因为 $B < p \times L$，即预防成本低于预期事故成本，那么，此时侵害人采取的预防水平低于有效性，侵害人存在过错，需要承担相应的侵权责任。完全赔偿条件的疏忽责任原则（笔者在文中所采用的过错责任归责原则与此处的疏忽责任原则含义相同）在法律标准等于有效预防水平的情况下，给予施害人（笔者在文中称为侵害人）有效的预防激励机制。[①] 因为存在过错时预期要承担侵权责任，侵害人为了促成其行为成本最小化，必然会采取更多的预防措施，以提高其预防水平至 $x^*$，此时，侵害人需要承担的侵权责任就降为零。因此，采用汉德公式，有利于达到促成侵害人最小化其成本的结果。在采取汉德公式的条件下，侵害人为避免承担侵权责任而采取符合法定标准的预防水平，当侵害人不存在过错而无须承担责任时，受害人则得不到任何赔偿，那么受害人为最小化其所承担的成本必然增加其预防水平以达到内部化其边际成本和收益的结果。汉德公式不仅对于侵害人还是对于受害人，都可以发挥有效的预防激励作用，有利于促成意外事故社会成本最小化。

## 二、确定过错的相关因素

### （一）侵害人的个体差异性

社会最优注意水平因侵害人类型的不同而有所不同，因此，在

---

[①] 罗伯特·D.库特，托马斯·S.尤伦.法和经济学 [M].施少华，姜建强等，译.上海：上海财经大学出版社，2002：262.

以过错作为侵权必要构成要件的法律机制中，如想达到促使不同类型的侵害人得以被引导采取最优的方式行为的效果，合理注意水平也应随侵害人类型的不同而有所变化，即合理注意水平应体现出个体差异性。

如果立法者和（或）法院能够区分不同类型的侵害人，那么就可以针对每一类型的侵害人最优地设定合理注意的标准，从而促使所有的侵害人都能采取合理注意并以最优的方式行为。但是，如果立法者和（或）法院不能判断侵害人的类型，就必须为所有的侵害人设定一个统一的合理注意标准，并且这种统一的合理注意标准不低于所有类型侵害人的平均最优注意水平，这种统一的合理注意标准有时被称作"理性人"的合理注意水平。①

侵害人可以从其从事的行为中获得效用，社会的目标是使得侵害人从其从事的行为中所获得的效用减去事故总成本（注意成本和预期事故成本之和）最大化，如果立法者和（或）法院设定的注意标准为统一的合理注意水平，那么，对于那些其最优注意水平低于所有类型侵害人的平均最优注意水平的侵害人来说，因其无法实现所获得的效用减去事故成本的最大化，所以这些侵害人一般被引导着不去从事行为，从而得以避免事故的发生，这对社会来说是有利的。

（二）不确定性和错误

1. 法院错误估算侵害人注意水平

如存在法院错误估算侵害人注意水平的情况时，法院所最终界定的侵害人注意水平为其所施加的注意水平和误差值之和，因为当侵害人所施加的注意水平和误差值之和低于法院所确定的合理注意

---

① Shavell Steven. Liability for Accidents [J] // Polinsky A. Mitchell, Shavell Steven. Handbook of Law and Economics (Volume 1). Amsterdam: Elsevier B. V., 2007: 159.

水平时（即合理注意水平减去侵害人所施加的注意水平大于误差值时），侵害人就是有过错的，所以，为避免因存在过错而承担责任，侵害人一般会采取较高于合理注意水平的注意。

2. 侵害人无法控制事故发生时的注意水平

有些事故的发生是因为侵害人无法控制其瞬间的行为所导致的，此时侵害人主观上有施加注意的心理状态，但是却没有能力控制事故发生当时的注意水平。因法院在确定侵害人是否主观上有施加注意的心理状态时存在困难，所以在对其注意水平进行估算时极有可能存在错误，同上所述，在这种情况下，侵害人要想避免被认定为存在过错而承担相应的侵权责任，就需采取较高于合理注意水平的注意。

3. 法院对合理注意水平的错误计算

有时法院无法获得或者不能评价关于注意的成本和收益的相关信息，因此，在确定合理注意水平时就会产生错误。重要的是，此时侵害人事先不知道法院会发生此类错误，所以就会倾向于采取过多的注意以避免承担责任。还有一种可能就是侵害人事先预期会发生此类错误，此时，如果法院所确定的合理注意水平不高于社会最优注意水平，侵害人就会选择采取合理注意水平，那么他就不会存在过错了。

## 第四节 小结

在本章中，笔者对侵权行为的三个构成要件（损害、因果关系和过错）从经济学视角进行了系统分析。

关于损害，首先，笔者对侵权责任两个确定机制的威慑效能进行了分析和研究。所谓侵权责任两个确定机制：（1）以侵害人获得的收益为基础确定侵权责任的机制；（2）以受害人遭受的损失为基础确定侵权责任的机制。因侵害人收益和受害人损失之间的大小差异直接决定着侵害人是否有过错，所以在不同的归责原则下，侵权责任水平因侵权责任归责原则的不同而有所不同。此外，立法者和（或）法院在估算收益和（或）损失时所存在的错误及行为人事先是否能够预期该种错误也会影响对行为人从事损害行为的威慑效能。因此，笔者在波林斯基和萨维尔（1994）分析的基础上，阐述了过错责任归责原则和严格责任归责原则下侵权责任两个不同确定机制的威慑效能。通过对比分析得知：在过错责任归责原则下，当不存在法律错误时，无论以侵害人收益为基础确定侵权责任还是以受害人损失为基础确定侵权责任，二者均能发挥最优的威慑效能。但是，当存在法律错误时，不管行为人事先是否能够预期该种法律错误，以受害人损失为基础确定侵权责任均优于以侵害人收益为基础确定侵权责任。在严格责任归责原则下，无论以侵害人收益为基础确定侵权责任还是以受害人损失为基础确定侵权责任，二者均能发挥最优的威慑效能。但是，因为侵害人承担侵权责任不以是否存在过错为要件，因此，侵害人收益和受害人损失存在大小差异时，两种侵权责任确定机制的威慑效能也会有所不同，当侵害人收益大于侵害人损失时，以侵害人收益为基础确定侵权责任要优于以受害人损失为基础确定侵权责任，而当侵害人收益小于受害人损失时，以受害人损失为基础确定侵权责任却要优于以侵害人收益为基础确定侵权责任。综上，笔者得出以下结论：以受害人损失为基础确定侵权责任优于以侵害人收益为基础确定侵权责任，因为前者更有利于发挥对行为人的预防激励，也更符合损害本身蕴含的经济学本质。考虑到法律制度在估算侵害人收益和（或）受害人损失方面可能存在错误的情况，以侵害人收益为基础确定侵权责任则必然存在缺陷，其对许多社会损害行为无法起到有效的威慑作用。因为当受害人损失明显超过侵害人收益时，对侵害人收益的低估可能促使侵害人从事损害行为，这必然造成很大的社会成本。而以受害人损失为基础确定侵权责任在对社会损害行为的威慑方面更优，因为当受害人损失明显超过侵害人收益时，对受害人损失的错误估算不会导致侵害人从事损害行为。因此，无论采用过错责任归责原则还是采用严格责任归责原则，大多都是以受害人损失为基础确定侵权责任。

其次，笔者区分事前和事后两个视角，对与损害密切相关的事前安全规制和事后损害责任两个机制在预防事故发生方面的威慑效能的优劣性及其四个影响因素进行了分析。通过分析得出以下结论：如果仅考虑到相关主体所掌握的与损害有关的信息存在不对称这一因素，事前安全规制和事后损害责任各有优劣。但是，如果考虑到现实中存在侵害人可能无力承担损害责任和（或）侵害人可能不会被提起诉讼的情况时，事前安全规制要优于事后损害责任。最后，在管理成本方面，事后损害责任却优于事前安全规制。

关于因果关系，首先从经济学视角对事实原因和近因进行了界定：关于事实原因，有的经济学者采用成本—效益分析方法进行界定，有的经济学者则从侵权行为发生几率增加的视角来界定。从经济学视角分析近因，主要包含两层含义，第一层含义是指损害的发生是行为人行为的直接和预期后果。第二层含义与"巧合"有关，是指损害结果的发生属于行为人行为的异常后果，仅仅因"巧合"，行为人行为才造成了损害结果的发生，因为即使存在该因素，损害后果通常也能避免。

其次，论述了因果关系和最优注意水平之间的关系，笔者认为，为了获得最优的注意水平，需要施加一种因果关系限制，并采纳萨维尔所提出的责任范围这一概念，分别分析了过错责任归责原则和严格责任归责原则下因果关系限制对最优注意水平的影响，通过分析得出以下结论：在过错责任归责原则下，侵害人被引导着采取合理注意以避免责任，对于责任范围毫不关心。在严格责任归责原则下，只要责任范围包含了这种侵害人的注意和损害后果之间存在必要因果关系的现实世界状态，那么，对侵害人就会产生采取注意的最优激励。

再次，笔者对解决因果关系不确定性问题的两个标准进行了对比分析。最低几率标准具有以下三个方面的优势：其一，实现错误成本最小化。其二，降低因果关系的不确定性。其三，减少管理成本。而比例责任标准具有以下两个方面的优势：其一，实现社会最优的注意水平。其二，实现社会最优的行为水平。因最低几率标准和比例责任标准各有利弊，笔者提出，为实现侵权法律机制的事前目标（侵权法律机制的事前目标是为花费最低成本的证据提供方提供激励）和事后目标（侵权法律机制的事后目标是降低责任评估时存在的不确定性），应该设法将二者结合起来，设置"不确定性责任"，即对于事故原因不确定的损害所施加的一种责任，损害的原因要么是引起不确定性问题出现的行为人，要么是有最好的机会避免不确定性问题出现的行为人。这样就导致行为人在消除不确定性方面进行最优的投资，并且事后当不确定性问题被消除后，一般的责任机制对于减少主要损害可以产生最优的激励。

最后，笔者对于损害后果的不可预见性从经济学视角进行了分析。按照经济学原理，如侵害人不能预见损害后果，那么其就不是最低成本避免者。当损失发生的几率系统地被低估的话，要求侵害人承担全部损失的赔偿责任无法增加对注意的激励，所以那些发生几率很可能被侵害人予以低估的事故应排除在责任范围之外。

关于过错，过错要件限定了行为人应采取预防措施的适当水平。如果行为人采取预防的水平过低，则被认定为存在过错，从而构成侵权。如果行为人采取的预防水平等于或高于预防的适当水平，那么行为人就被认定为尽到了合理注意义务，从而没有构成侵权。立法者往往通过比较事故的成本和收益边际变化来确定适当的预防水平标准。笔者首先对汉德公式的边际意义和在促成意外事故社会成本最小化方面的作用进行了分析。其次又重点分析了与确定过错相关的两个因素，即侵害人的个体差异性及不确定性。

## 第四章　归责原则 Vs 预防激励

本章在假设侵害人和受害人均是风险中立并且二者之间无任何法律关系的基础上，区分单方事故和双方事故①，分别分析不同归责原则对行为人采取注意的程度和从事行为的水平所产生的不同激励作用。

为了分析的需要，笔者做如下假设：其一，社会目标为使得事故总成本（注意成本和预期事故成本之和）最小化。其二，侵害人和受害人之间达成协议的交易成本是高昂的。其三，侵害人和受害人都是理性（Reasonable）和自利的（Self-interested）的决策者，他们试图使自己的预期成本最小化，并使自己的预期效用最大化，从而确保其行为结果对自己是一个正的净收益。其四，侵害人和受害人完全了解侵权行为归责原则。

---

① 为了便于解析不同归责原则对注意水平和行为水平的激励作用，笔者在分析注意水平和行为水平时分别对单方事故和双方事故作了不同限定，内容详见后文。

## 第一节　注意水平

### 一、单方事故

为了分析归责原则对单方事故中注意水平的激励作用，笔者在本节中将单方事故的范围限定为事故发生几率和严重性仅受侵权法律关系当事人一方的注意水平影响的事故，即或者仅受侵害人注意水平的影响，或者仅受受害人注意水平的影响。不论事故发生几率和严重性是受哪一方注意水平的影响，均与双方当事人的行为水平无关，即假设侵害人和（或）受害人的行为水平都是固定不变的。关于公式方面，笔者用 $x$ 表示侵害人注意成本，$p(x)$ 表示单方事故中随着侵害人注意水平（$x$）的提高而得以降低的事故发生几率和严重性，用 $y$ 来表示受害人的注意成本，$p(y)$ 表示单方事故中随着受害人注意水平（$y$）的提高而得以降低的事故发生几率和严重性，$A$ 表示事故损失，$SC$ 表示社会总成本。当单位注意成本的增加值（边际成本）等于单位预期事故成本（边际收益）的减少值时，社会注意水平达到最优，即侵害人达到最优的注意水平 $x^*$，受害人达到最优的注意水平 $y^*$。

（一）无责任归责原则

在无责任归责原则下，不论侵害人采取何种注意水平，都无须承担侵权责任，受害人需自行负担事故的全部损失。

1. 无责任归责原则对侵害人注意水平的激励

如果仅由侵害人采取注意的情况下（侵害人是防止事故发生的一方），侵害人和受害人在无责任归责原则下各自承担的预期成本见表 4.1。如下表所示，在无责任归责原则下，当侵害人选择采取的注意水平为 $x$ 时，其预期成本为其注意成本 $x$。因受害人需要自担损失，所以受害人的预期成本为预期事故成本，即 $p(x)A$。如为达到实现社会成本最小化的最优状态，则需要侵害人采取最优的注意水平 $x^*$，此时侵害人的预期成本即为最优的注意水平 $x^*$，受害人的预期成本则为 $p(x^*)A$。

表 4.1　无责任归责原则下仅由侵害人采取注意时预期成本分布表

| 侵害人注意水平 | 侵害人预期成本 | 受害人预期成本 |
| --- | --- | --- |
| $x < x^*$ | $x$ | $p(x)A$ |
| $x^*$ | $x^*$ | $p(x^*)A$ |

对于侵害人来说，因其在无责任归责原则下不承担预期事故成本，只需将其所选择采取的注意的成本予以内部化，那么他为了达到其预期成本最小化的目标，就会选择采取较低的注意水平直至达到零，即 $x=0$。

因社会最优状态下的预期事故总成本 $x^* + p(x^*)A$ 要低于侵害人采取低于最优注意水平时的预期事故总成本 $x + p(x)A$，即 $x^* + p(x^*)A < x + p(x)A$，即使当侵害人被引导着不去采取任何注意时，受害人所需要承担的预期成本 $p(x)A$ 也要高于社会最优状态下的预期事故成本 $x^* + p(x^*)A$。由此看来，对于仅受侵害人注意水平影响的单方事故，无法达到社会最优的结果。

2. 无责任归责原则对受害人注意水平的激励

如果仅由受害人采取注意的情况下（受害人是防止事故发生的一方），侵害人和受害人在无责任归责原则下各自承担的预期成本见表 4.2。如下表所示，在无责任归责原则下，当受害人选择采取的注意水平为 $y$ 时，其预期成本为其注意成本和预期事故成本之和，即 $y + p(y)A$。因侵害人在该种情况下被假设为没有采取注意，且其在无责任归责原则下也无须承担事故损失，所以侵害人的预期成本为零。如为达到实现社会成本最小化的最优状态，则需要受害人采

取最优的注意水平 $y^*$，此时受害人的预期成本即为其采取最优注意水平时所花费的注意成本和该种情况下的预期事故成本之和，即 $y^* + p(y^*) A$，同理，侵害人的预期成本仍为零。

**表 4.2　无责任归责原则下仅由受害人采取注意时预期成本分布表**

| 受害人注意水平 | 侵害人预期成本 | 受害人预期成本 |
| --- | --- | --- |
| $y < y^*$ | / | $y + p(y) A$ |
| $y^*$ | / | $y^* + p(y^*) A$ |

对于受害人来说，因其在无责任归责原则下需要自行承担事故损失，那么他就需将其注意成本和预期事故成本予以内部化，因此，为了达到预期成本最小化的目标，就会选择采取最优的注意水平，即 $y^*$。在此意义上，我们可以说，无责任归责原则是有效的，可以达到社会最优的结果。这是因为，当仅有受害人采取注意的情况下，因侵害人不承担任何成本，所以事故总成本内部化的责任便落在受害人一方，而受害人基于实现自身预期成本最小化的私人目标，会被引导着选择最优注意水平，如此，事故总成本便可以达到最小化，从而可以实现社会最优的结果。

通过上述分析，我们可以得出以下结论：在无责任归责原则下，如果仅由侵害人采取注意，因侵害人会被引导着不去采取任何注意而致受害人承担过高的预期事故成本，无法实现事故总成本最小化的社会目标，所以无法取得社会最优的结果。然而，如果仅由受害人采取注意，因受害人承担了事故总成本，其实现自身预期成本最小化的私人目标与实现事故总成本最小化的社会目标达成一致，所以会被引导着采取合理的注意水平。因此，我们可以说，在无责任归责原则下，既想避免事故发生，又要达到社会最优的结果，就需要由受害人去采取合理的注意水平。

（二）过错责任归责原则

在过错责任归责原则下，侵害人仅在其存在过错时才对其行为造成的损失承担侵权责任，即仅当其注意水平未能达到立法者和（或）法院确定的合理注意水平时，才需承担责任。如果侵害人采取了等于或超过合理注意水平的注意，其就无须承担责任。

1. 过错责任归责原则对侵害人注意水平的激励

如果仅由侵害人采取注意的情况下（侵害人是防止事故发生的一方），侵害人和受害人在过错责任归责原则下各自承担的预期成本见表4.3。如下表所示，当侵害人采取的注意水平低于社会最优注意水平时，其预期成本为注意成本和预期事故成本之和 $x+p(x)A$；当侵害人采取的注意水平等于社会最优注意水平时，因其不存在过错所以无须承担侵权责任，其预期成本等于注意成本 $x^*$。

表4.3 过错责任归责原则下仅由侵害人采取注意时预期成本分布表

| 侵害人注意水平 | 侵害人预期成本 | 受害人预期成本 |
| --- | --- | --- |
| $x < x^*$ | $x + p(x)A$ | / |
| $x^*$ | $x^*$ | $p(x^*)A$ |

从上表可以获知，只有当满足 $x^* < x + p(x)A$ 的条件时，基于实现自身预期成本最小化的私人目标，侵害人才会选择最优的注意水平 $x^*$。因为 $x + p(x)A > x^* + p(x^*)A$，所以 $x^* < x + p(x)A$ 成立。

假设立法者和（或）法院确定的合理注意水平等于最优注意水平 $x^*$，那么只有当 $x < x^*$ 时，侵害人才存在过错，需要支付事故损失 $A$。如果 $x \geq x^*$，侵害人没有过错，无须承担任何责任。因此，对于侵害人来讲，基于他的私人目标是达到其所需承担总成本的最小化，所以，他一定会选择采取一个能有利于达成此目标的注意水平。根据上述分析，我们可以得出结论：其一，他不会采取一个超过合理注意水平的注意，因为只要其采取合理注意就可以实现免除责任的目标。而采取一个更高水平的注意反而会为其增加成本。其二，

侵害人也不会采取低于合理注意水平的注意，因为一旦其所采取的注意低于合理水平，就会因存在过错而面临承担责任的风险，此时，侵害人的预期成本等于事故总成本，其促使个人所需承担总成本最小化的私人目标与促使事故总成本最小化的社会目标是一致的，所以，他会提高注意水平直至无须承担责任的程度，即达到合理注意水平。综上所述，对于单方事故来说，过错责任归责原则可以发挥引导侵害人采取合理注意水平的有效激励。

2. 过错责任归责原则对受害人注意水平的激励

如果仅由受害人采取注意的情况下（受害人是防止事故发生的一方），如其采取合理注意水平 $y^*$ 就可以避免事故发生，此时其所需承担的预期成本等于注意成本 $y^*$，如其采取低于合理注意水平的注意而无法产生避免事故发生的效果时，此时其所需承担的预期成本等于注意成本和预期事故成本（该事故因侵害人不存在过错所以需受害人自行负担）之和，即 $y+p(y)A$。具体预期成本情况见表4.4。现实中 $y^*$ 一般小于 $p(y)A$，所以，受害人为达到其预期成本最小化的目标，也会被引导着采取合理注意，从而可以实现社会成本最小化。

表 4.4　过错责任归责原则下仅由受害人采取注意时预期成本分布表

| 受害人注意水平 | 侵害人预期成本① | 受害人预期成本 |
| --- | --- | --- |
| $y<y^*$ | —— | $y+p(y)A$ |
| $y^*$ | —— | $y^*$ |

（三）严格责任归责原则

在严格责任归责原则下，不论侵害人是否存在过错，均需承担所造成的全部事故损失。

---

① 因侵害人预期成本与受害人是否采取注意水平及采取何种注意水平无关，所以，此处侵害人预期成本用"——"予以标注。

1. 严格责任归责原则对侵害人注意水平的激励

如果仅由侵害人采取注意的情况下（侵害人是防止事故发生的一方），侵害人需承担的预期总成本等于事故总成本，即注意成本和预期事故成本之和，参见表4.5。对于侵害人来说，其会努力促使其所承担的成本最小化，此时，侵害人的目标和促使事故总成本最小化的社会目标是一致的，因此，严格责任归责原则可以引导侵害人采取社会最优注意水平。

表4.5　严格责任归责原则下仅由侵害人采取注意时预期成本分布表

| 侵害人注意水平 | 侵害人预期成本 | 受害人预期成本 |
| --- | --- | --- |
| $x < x^*$ | $x + p(x)A$ | / |
| $x^*$ | $x^* + p(x^*)A$ | / |

2. 严格责任归责原则对受害人注意水平的激励

如果仅由受害人采取注意的情况下（受害人是防止事故发生的一方），不管其注意水平如何，均能获得赔偿。因受害人的预期成本等于其注意成本，基于受害人试图促使其预期成本最小化的目的，受害人势必会采取最低水平的注意，即 $y = 0$，以实现自身所承担的成本最小化。因此，严格责任归责原则对受害人而言不能起到有效的激励作用。表4.6列示了受害人注意水平影响事故损失时的相关预期成本分布情况。

表4.6　严格责任归责原则下仅由受害人采取注意时预期成本分布表

| 受害人注意水平 | 侵害人预期成本 | 受害人预期成本 |
| --- | --- | --- |
| $y < y^*$ | $p(y)A$ | $y$ |
| $y^*$ | $p(y^*)A$ | $y^*$ |

（四）过错责任归责原则和严格责任归责原则的比较分析

通过上述分析，可以得出结论，在单方事故中，当事故发生几率和严重性仅受侵害人注意水平影响时，如将侵害人合理注意水平确定为社会最优注意水平，过错责任归责原则和严格责任归责原则是有效的。但是，当事故发生几率和严重性仅受受害人注意水平影响时，如将受害人合理注意水平确定为社会最优注意水平，无责任归责原则和过错责任归责原则是有效的。

当事故发生几率和严重性仅受侵害人合理注意水平影响时，过错责任归责原则和严格责任归责原则存在以下不同：

1. 因法院需确定的内容存在差异性而引起的管理成本不同

这些管理成本主要包括信息成本和请求权成本。在单方事故中，虽然二者均能发挥引导侵害人采取合理注意的结果，但是法院在适用这两个归责原则时所需确定的相关内容却是不同的。在过错责任归责原则下，法院为确定侵害人是否存在过错，不仅需要确定社会最优的合理注意水平，而且需要确定侵害人采取的实际注意水平以及侵害人可以采取的各种注意水平的边际成本和边际收益变化趋势，为此需要花费一定的信息成本。然而，在严格责任归责原则下，法院无须对侵害人的注意水平进行考察，自然可以省去该部分信息成本。

请求权成本主要包括法院确定损失和因果关系所花费的成本以及作出判决所花费的成本等与法律诉讼相关的成本。在过错责任归责原则下，只有受害人认为侵害人未尽到合理注意才会提起诉讼，只有提起诉讼时才涉及请求权成本，然而，在严格责任归责原则下，一旦事故发生，一般就会提起诉讼。

正如波斯纳所指出的，"因为信息成本在过错责任归责原则下更高而请求权成本在严格责任归责原则下更高，我们可以预期，在其他条件相同时，信息成本的下降会导致对严格责任归责原则的偏离并偏向过错责任归责原则"[1]，从归责原则的演化历史及存在不同，

---

[1] 威廉·M.兰德斯，理查德·A.波斯纳. 侵权法的经济结构（序言）[M]. 王强，杨媛，译. 北京：北京大学出版社，2005：73.

可以发现，随着文化知识的提高，信息成本会逐步降低，过错责任归责原则将逐渐地取代严格责任归责原则成为归责原则的主导。

2. 采取注意的维度不同

上述分析是在假设损失水平单一的前提下进行的，即未将注意水平对事故发生的几率分布问题考虑在内。虽然注意水平是多维度的，但是在过错责任归责原则下，因法院在界定侵权责任时未能将所有的注意维度考虑在内，所以侵害人将会被引导着采取合理注意标准所确定的那种维度的注意水平，但是，在严格责任归责原则下，侵害人却会被引导着采取各种维度的注意水平，因为他的目标是促使其个人预期总成本最小化。

3. 对责任大小的调查不同

在过错责任归责原则下，因为合理注意水平为社会最优的注意水平，侵害人可以被引导着采取合理注意，所以不会发生对责任大小的调查问题。但是，在严格责任归责原则下，却会涉及这一问题。

4. 对保险的影响不同

严格责任归责原则促使保险的范围扩展至即使侵害人采取合理注意水平也不可能避免的事故，但是适用过错责任归责原则时，保险的范围仅限于侵害人采取合理注意水平，即可避免的事故。

## 二、双方事故

笔者在本节中将双方事故限定为事故发生几率和严重性同时受侵害人注意水平和受害人注意水平影响的事故，即侵害人和受害人均能增加某种水平的注意，二者注意水平的增加都能起到降低事故风险的作用。并且，侵害人的行为和受害人的行为具有相互依赖性，在受害人按照某种确定的方式行为的条件下，侵害人也会选择某种确定的方式行为；在侵害人按照某种确定的方式行为的条件下，受害人也会选择某种确定的方式行为。具备这两种特征的状态被称为均衡（Equilibrium）。① 社会目标仍然是促使事故总成本最小化，此时，事故总成本为侵害人和受害人注意成本和预期事故成本之和，事故发生几率和严重性为 $p(x, y)$，其随着侵害人和受害人注意水平 $(x, y)$ 的提高而得以降低。社会总成本为 $x + y + p(x, y) A$，社会最优注意水平分别为 $x^*$ 和 $y^*$。

（一）无责任归责原则

如前所述，在无责任归责原则下，侵害人不会采取任何注意，受害人会采取最优注意。表 4.7 列示了该原则下侵害人和受害人各自承担的预期成本分布情况。

**表 4.7　双方事故中无责任归责原则下预期成本分布表**

| 注意水平 | 侵害人预期成本 | 受害人预期成本 |
| --- | --- | --- |
| $x < x^*, y < y^*$ | $x$ | $y + p(x, y) A$ |
| $x < x^*, y^*$ | $x$ | $y^* + p(x, y^*) A$ |
| $x^*, y < y^*$ | $x^*$ | $y + p(x^*, y) A$ |
| $x^*, y^*$ | $x^*$ | $y^* + p(x^*, y^*) A$ |

（二）过错责任归责原则

如前所述，在过错责任归责原则下，侵害人为避免承担侵权责任会选择采取合理注意水平 $x^*$。当 $x^* < x + p(x, y^*) A$ 时，侵害人会采取合理注意，因 $x + y^* + p(x, y^*) A > x^* + y^* + p(x^*, y^*) A$，因 $p(x^*, y^*) A$ 为事故发生几率和严重性的最低值，必然可以获得 $x^* < x + p(x, y^*) A$ 的结果，所以侵害人会被引导着采取合理注意。侵害人采取不同注意水平时的预期成本分布情况见表 4.8。

假设侵害人采取了合理注意，受害人就需对自己的损失承担责任，如表 4.8 所示。在这种情况下，只有当 $y^* + p(x^*, y^*) A <$

---

① 斯蒂文·萨维尔. 事故法的经济分析 [M]. 翟继光, 译. 北京：北京大学出版社, 2004：12.

$y+p(x^*,y)A$ 时，受害人才会选择采取最优的注意 $y^*$，根据意外事故社会成本最小化的原理，$y^*+p(x^*,y^*)A$ 实际上处于整个曲线的最低点，必然小于 $y+p(x^*,y)A$，所以，当侵害人采取合理注意时，受害人也必然被引导着采取合理注意。

表 4.8　双方事故中过错责任归责原则下预期成本分布表

| 注意水平 | 侵害人预期成本 | 受害人预期成本 |
| --- | --- | --- |
| $x<x^*$，$y<y^*$ | $x+p(x,y)A$ | $y$ |
| $x<x^*$，$y^*$ | $x+p(x,y^*)A$ | $y^*$ |
| $x^*$，$y<y^*$ | $x^*$ | $y+p(x^*,y)A$ |
| $x^*$，$y^*$ | $x^*$ | $y^*+p(x^*,y^*)A$ |

对于双方事故中涉及的过错责任形态，英美法系区分共同过错和比较过错，对这两种过错形态进行经济学分析，对于解析过错责任归责原则具有重要意义。

1. 具有共同过错抗辩的过错责任归责原则

根据具有共同过错抗辩的过错责任归责原则，如果侵害人采取了不低于合理注意水平的注意，那么，他将不对所造成的事故损失承担责任，即使他没有做到这一点，但如受害人同样也没有采取合理注意，那么，他同样可以免予承担责任。

表 4.9 列示了该规则下侵害人和受害人预期成本的分布情况，其中当 $y^*<y+p(x,y)A$ 且 $y^*<y+p(x^*,y)A$ 时，受害人会被引导着采取合理注意 $y^*$。因为 $y^*<y^*+p(x^*,y^*)A$，$y^*+p(x^*,y^*)A<y+p(x,y)A$ 且 $y^*+p(x^*,y^*)A<y+p(x^*,y)A$，所以可以推出上述两不等式成立，因此，该规则可以发挥对受害人的有效激励。

**表 4.9　双方事故中具有共同过错抗辩的过错责任归责原则下预期成本分布表**

| 注意水平 | 侵害人预期成本 | 受害人预期成本 |
|---|---|---|
| $x<x^*$，$y<y^*$ | $x$ | $y+p(x,y)A$ |
| $x<x^*$，$y^*$ | $x+p(x,y^*)A$ | $y^*$ |
| $x^*$，$y<y^*$ | $x^*$ | $y+p(x^*,y)A$ |
| $x^*$，$y^*$ | $x^*$ | $y^*+p(x^*,y^*)A$ |

既然受害人采取了合理注意，那么只有当满足 $x^*<x+p(x,y^*)A$ 的条件时，侵害人才会选择采取合理注意。根据意外事故社会成本最小化的原理，可以获知 $x+p(x,y^*)A=SC(x,y^*)-y^*$，$SC(x,y^*)-y^*>SC(x^*,y^*)-y^*$，$SC(x^*,y^*)-y^*=p(x^*,y^*)+x^*$ 及 $p(x,y^*)+x^*>x^*$，从而可以推算出 $x^*<x+p(x,y^*)A$，因此，在该原则下，侵害人也会被引导着采取合理注意水平。

综上，假设受害人采取了合理注意水平，那么根据该原则，其不用承担自身损失，此时，侵害人为了避免承担责任也会采取合理注意水平 $x^*$。同理，假设侵害人采取了合理注意水平 $x^*$，因侵害人不存在过错而无须承担侵权责任，那么受害人就需自行承担损失，所以受害人必然被引导着采取合理注意水平 $y^*$。这样就达到了一种均衡状态，从而可以实现社会成本最小化的目标。

2. 具有比较过错抗辩的过错责任归责原则

根据具有比较过错抗辩的过错责任归责原则，如果侵害人和受害人均采取了合理注意，那么侵害人因不存在过错所以不必为他所造成的事故损失承担责任，受害人则需自担损失。如果侵害人和受害人中有一方未采取合理注意而存在过错，那么该方需要支付事故造成的全部损失。如果侵害人和受害人均未采取合理注意而都有过错，双方各承担损失的一部分，份额的大小根据双方所施加的注意水平与合理注意水平的差额来确定，采取的注意水平越低，需要承担的损失份额就越大。其中，笔者用 $s_i$ 表示侵害人应承担的损失份额，$s_v$ 表示受害人应承担的损失份额，且 $s_i + s_v = 1$。表4.10列示了该原则下侵害人和受害人各自承担的预期成本分布情况。

**表 4.10 双方事故中具有比较过错抗辩的过错责任归责原则下预期成本分布表**

| 注意水平 | 侵害人预期成本 | 受害人预期成本 |
| --- | --- | --- |
| $x<x^*$，$y<y^*$ | $x+s_i p(x,y)A$ | $y+s_v p(x,y)A$ |
| $x<x^*$，$y^*$ | $x+p(x,y^*)A$ | $y^*$ |
| $x^*$，$y<y^*$ | $x^*$ | $y+p(x^*,y)A$ |
| $x^*$，$y^*$ | $x^*$ | $y^*+p(x,y^*)A$ |

假设侵害人采取了合理注意水平，那么当满足 $y^*+p(x,y^*)A<y+p(x^*,y)A$ 的条件时，受害人会被引导着采取注意，因为 $y^*+p(x,y^*)A=SC(x,y^*)-x^*$，$y+p(x^*,y)A=SC(x^*,y)-x^*$，且 $SC(x,y^*)-x^*<SC(x^*,y)-x^*$，可以推知 $y^*+p(x,y^*)A<y+p(x^*,y)A$ 成立。假设侵害人未采取合理注意水平，那么当满足 $y^*<y+s_v p(x,y)A$ 的条件时，受害人也会被引导着采取注意，该不等式是否成立取决于 $s_v$ 的值，即受害人所应承担的损失份额。

如果受害人采取了合理注意水平，当满足 $x^*<x+p(x,y^*)A$ 时，侵害人会被引导着采取合理注意。因为 $x^*<x^*+p(x,y^*)A$，$x^*+p(x,y^*)A=SC(x,y^*)-y^*$，$SC(x,y^*)-y^*<SC(x,y^*)-y^*$，且 $SC(x,y^*)-y^*=x+p(x,y^*)A$，可以推知 $x^*<x+p(x,y^*)A$。如果受害人未采取合理注意，当满足 $x^*<x+s_i p(x,y)A$ 时，侵害人会被引导着采取合理注意，该不等式是否成

立取决于 $s_i$ 的值，即侵害人所应承担的损失份额。

由此看来，在具有比较过错抗辩的过错责任归责原则下，当侵害人和受害人均采取合理注意时，可以达到均衡状态，并能实现社会成本的最小化。只有单方采取合理注意时，无法达到均衡状态，这就意味着当一方采取合理注意时，另一方也将会采取合理注意。

（三）严格责任归责原则

在严格责任归责原则下，侵害人需对所造成的事故损失承担责任，所以他们会被引导着采取合理注意。但是，对受害人来说，因其所遭受的全部损失均能获得赔偿，所以没有采取注意的激励，不会采取任何注意，即 $y=0$。该原则下侵害人和受害人各自需承担的预期成本分布情况见表 4.11。

**表 4.11 双方事故中严格责任归责原则下预期成本分布表**

| 注意水平 | 侵害人预期成本 | 受害人预期成本 |
| --- | --- | --- |
| $x<x^*$, $y<y^*$ | $x+p(x,y)A$ | $y$ |
| $x<x^*$, $y^*$ | $x+p(x,y^*)A$ | $y^*$ |
| $x^*$, $y<y^*$ | $x^*+p(x^*,y)A$ | $y$ |
| $x^*$, $y^*$ | $x^*+p(x,y^*)A$ | $y^*$ |

双方事故常常涉及具有比较过错抗辩的严格责任归责原则，在这一责任原则下，如果受害人未采取合理注意，则被认定为存在比较过错，此时必须自行承担损失。从受害人的角度看，其为了避免被认定为存在过错而自行承担损失，会采取合理注意。如果受害人采取了合理注意，那么事故的损失就应由侵害人承担，侵害人为了使得所承担的事故总成本最小化，也会采取合理注意。因此，具有比较过错抗辩的严格责任归责原则对侵害人和受害人均能发挥有效的激励。表 4.12 列示了具有比较过错抗辩的严格责任归责原则下侵害人和受害人预期成本分布情况。

表 4.12　双方事故中具有比较过错抗辩的严格责任
归责原则下预期成本分布表

| 注意水平 | 侵害人预期成本 | 受害人预期成本 |
| --- | --- | --- |
| $x<x^*$, $y<y^*$ | $x$ | $y+p(x,y)A$ |
| $x<x^*$, $y^*$ | $x+p(x,y^*)A$ | $y^*$ |
| $x^*$, $y<y^*$ | $x^*$ | $y+p(x^*,y)A$ |
| $x^*$, $y^*$ | $x^*+p(x,y^*)A$ | $y^*$ |

如果侵害人采取了合理注意，当满足 $y^*<y+p(x^*,y)A$ 时，受害人会被引导着采取合理注意。因为 $y+p(x^*,y)A=SC(x^*,y)-x^*$，$SC(x,y^*)-x^*<SC(x^*,y)-x^*$，并且 $y^*<SC(x^*,y)-x^*$，所以，$y^*<y+p(x^*,y)A$ 成立。

如果侵害人未采取合理注意，当满足 $y^*<y+p(x,y)A$ 时，受害人会被引导着采取合理注意。因为 $y^*<SC(x^*,y)-x^*$，$y+p(x,y)A=SC(x,y)-x$，$SC(x^*,y)-x^*<SC(x,y)-x$，可以推知上述不等式成立。

如果受害人采取了合理注意，当 $x^*+p(x,y^*)A<x+p(x,y^*)A$ 时，侵害人会被引导着采取合理注意。因为 $x^*+p(x,y^*)A=SC(x,y^*)-y^*$，$x+p(x,y^*)A=SC(x,y^*)-y^*$，而 $SC(x,y^*)-y^*<SC(x,y^*)-y^*$，可以推知 $x^*+p(x,y^*)A<x+p(x,y^*)A$ 成立。

由此看来，在具有比较过错抗辩的严格责任归责原则下，侵害人和受害人都会为了使得各自预期成本最小化而去选择采取合理注意，所以会取得社会最优的结果。

## 第二节　行为水平

关于行为水平的研究，萨维尔（1987）做了两个假设：首先，在行为人注意水平一定的条件下，行为人行为水平的增加将导致预期事故损失以相应的比例增加。其次，行为人行为水平的增加会导致他们效用的增加。[①] 除了将社会目标设定为使得事故总成本（注意成本和预期事故成本之和）最小化之外，还需考虑到行为人从他们行为中所获得的效用最大化。此外，不管是单方事故，还是双方事故，笔者的分析都是建立在行为人基于相应归责原则的引导而选择采取不同注意水平这一前提条件，采用行为人净效用公式这一分析工具推导出行为人在不同归责原则下是否被引导着去选择从事最优的行为水平，从而分析对应的归责原则是否可以达到社会最优的结果。

在分析中，笔者用 $a_i$ 表示侵害人的行为水平，$a_v$ 表示受害人的行为水平。那么当达到社会最优时，侵害人和受害人的行为水平则分别为 $a_i^*$ 和 $a_v^*$；$B(a_i)$ 表示侵害人的总收益，$B(a_v)$ 表示受害人的总收益。$B(a_i)$ 和 $B(a_v)$ 都属于凹函数，分别随着 $a_i$ 和 $a_v$ 的增长而增长，但是这种增长却呈下降趋势，这就说明这两个函数的一介导数都大于零，二介导数都小于零即 $b'(a_i)>0$，$b'(a_v)>0$，$b''(a_i)<0$，$b''(a_v)<0$。$u_i$ 表示侵害人的预期净效用，$u_v$ 表示受害人的预期净效用。

为了得到最优的行为水平 $a_i^*$ 的值，首先来看一下单方事故中严格责任归责原则下的侵害人净效用公式，该公式为 $u_i = B(a_i) - a_i[x+p(x)A]$，其中，$x+p(x)A$ 代表侵害人一次行为的预期事故总成本，$a_i[x+p(x)A]$ 则表示侵害人所有行为的预期事故总成本。最优行为水平 $a_i^*$ 的值，可由求解下列方程得到：假设侵害人采取合理注意水平，那么此时侵害人的净效用用公式表示为 $u_i =$

---

[①] 斯蒂文·萨维尔. 事故法的经济分析 [M]. 翟继光, 译. 北京：北京大学出版社，2004：26，32.

$B(a_i) - a_i[x^* + p(x^*)A]$,$u_{imax} = b'(a_i) - [x^* + p(x^*)A] = 0$，由此可以得出 $b'(a_i) = x^* + p(x^*)A$。这就意味着，在给定合理注意水平的条件下，只有当因行为水平增长而增长的边际总收益等于预期总成本时，才能获得净效用最大化，此时的行为水平就是可以使得净效用最大化的最优行为水平 $a_i^*$。

### 一、单方事故

本节所分析的单方事故是指事故发生几率和严重性仅受侵害人行为水平影响的事故。实际上，事故发生几率和严重性随着行为水平的提高而提高，因此，如果假设侵害人是唯一的成本避免者，除非将其行为水平设定成确定注意水平的因素之一，否则他将不会考虑其行为水平，但是，在严格责任归责原则下，因不论侵害人是否存在过错，他均需对所造成的事故承担侵权责任，那么从侵害人的角度来看，他就会对合理注意水平做广义理解，这就意味着侵害人可能会在选择采取何种注意水平时，将其行为水平引起事故发生几率和严重性增加的可能性考虑在内。

（一）无责任归责原则对侵害人行为水平的激励

在无责任归责原则下，侵害人无须承担侵权责任，所以会被引导着不去采取任何注意，即 $x = 0$。侵害人的预期净效用用公式表示为 $u_i = B(a_i)$。由此看来，侵害人不承担预期事故成本，且其不采取任何注意，即其净效用不受预期事故成本的影响，那么他就会为了达到个人效用最大化的目标，一直从事行为直至达到非常高的水平。因此，在这一原则下，侵害人不仅不去采取任何注意，而且也不会被引导着去从事最优的行为水平，所以结果不是社会最优的状态。

（二）过错责任归责原则对侵害人行为水平的激励

正是因为侵害人在过错责任归责原则引导下会采取合理注意水

平 $x^*$，那么其净效用用公式表示为 $u_i = B(a_i) - a_i x^*$。对于侵害人在过错责任归责原则下会被引导着从事何种行为水平这一问题，可通过下列公式的求解过程获得解释：

$u_{imax} = b'(a_i) - x^* = 0$，由此可以得出 $b'(a_i) = x^*$，因此，侵害人为了达到实现其净效用最大化的目标，就会选择一种 $a_i$ 使得 $B(a_i) = x^*$。但是 $B(a_i^*) = x^* + p(x^*)A$，所以，$B(a_i) < B(a_i^*)$，同时又因 $b''(a_i) < 0$，因此可以得出 $a_i > a_i^*$，即侵害人的行为水平 $a_i$ 超出了最优行为水平 $a_i^*$。

因此，在过错责任归责原则下，如果侵害人采取了合理注意水平而不必为所造成的损失承担责任，那么，他就不会考虑其行为水平对事故损失的影响，这样，侵害人则会被引导着从事过高水平的行为。导致侵害人从事过高行为水平的原因在于，侵害人增加行为水平花费的成本等于注意成本，因为事故总成本等于注意成本和预期事故成本之和，所以侵害人增加行为水平花费的成本要低于事故总成本，这样就会促使侵害人采取超出最优行为水平 $a_i^*$ 的行为，并且，当所造成的事故损失越大时，侵害人选择的行为水平越高。所以，就过错责任归责原则对侵害人行为水平的激励而言，也无法达到社会最优的结果。

萨维尔（1987）对过错责任归责原则无法引导侵害人从事最优行为水平这一缺陷进行了详细分析，他指出，过错责任归责原则的这一缺陷可能是仅将注意程度作为确定过错的行为标准这样一个假设的结果。如果也把行为水平作为确定过错的一个因素予以考虑，侵害人也可能会被引导着从事最优的行为水平。同时，他还将法院未将行为水平作为确定过错的因素这样一个假设的原因归因于信息问题。为了明确表达行为水平的标准，法院需要确定主体从其行为中获得利益的特征，但是，这些利益在事实上通常被视为不可知的，由法院去确定一个恰当的行为水平的企图很可能立即使法院处于一个具有最高投机性的领域之中。除了法院在明确规定主体行为水平的恰当标准时所面临的困难以外，法院还必须确定主体的实际行为水平是多少。在某些情况下，这种额外负担可能是具有实质性的难题，特别是因为确定主体行为的水平需要我们掌握主体在过去行为的信息。[①]

（三）严格责任归责原则对侵害人行为水平的激励

在严格责任归责原则下，侵害人需要承担的责任等于受害人遭受的损失，所以侵害人会被引导着采取合理注意水平 $x^*$，那么，其预期净效用用公式表示为 $u_i = B(a_i) - a_i [x^* + p(x^*) A]$。只有当满足 $B(a_i) - a_i [x^* + p(x^*) A] > 0$ 的条件，即只有当侵害人所获得的收益超过其注意成本和需要承担的预期事故成本之和时，侵害人才愿意继续从事行为。基于侵害人促使其预期净效用最大化的目标，我们对下列公式进行求解，$u_{imax} = b'(a_i) - [x^* + p(x^*) A] = 0$，由此可以得出 $b'(a_i) = x^* + p(x^*) A$。因此，侵害人会选择一种 $a_i$ 使得 $B(a_i) = x^* + p(x^*) A$，那么 $a_i = a_i^*$。由此可以得出结论，在严格责任归责原则下，侵害人会被引导着采取最优的注意水平 $x^*$ 和从事最优的行为水平 $a_i^*$，所以可以达到一种社会最优的结果。

## 二、双方事故

本节所分析的双方事故是指事故发生几率和严重性同时受侵害人和受害人行为水平影响的事故。双方事故中侵害人的净效用用公式表示为 $u_i = B(a_i) - a_i [x + p(x) A]$，受害人的净效用用公式表示为 $u_v = B(a_v) - a_v [y + a_i p(y) A]$，那么社会最优的预期总效用

---

[①] 斯蒂文·萨维尔. 事故法的经济分析[M]. 翟继光, 译. 北京：北京大学出版社, 2004：31.

就等于侵害人净效用和受害人净效用之和,即 $B(a_i) + B(a_v) - a_i[x^* + p(x^*)A] - a_v[y^* + a_ip(y^*)A]$,分别对侵害人净效用公式和受害人净效用公式求一阶导数,即 $u_{imax} = b'(a_i) - [x^* + p(x^*)A] = 0$,得到 $B(a_i^*) = x^* + p(x^*)A$,$u_{vmax} = b'(a_v) - [y^* + a_ip(y^*)A] = 0$,得到 $B(a_v^*) = y^* + a_ip(y^*)A$。这就意味着,在给定合理注意水平的条件下,只有当因行为水平 $a_i$ 和 $a_v$ 增长而增长的侵害人和受害人边际总收益等于预期总成本时,才能获得净效用最大化,此时的行为水平就是可以使得净效用最大化的最优行为水平 $a_i^*$ 和 $a_v^*$。

下面就在给定侵害人和受害人在不同归责原则引导下选择采取相应注意水平的前提下,通过对二者预期效用的研究,分析不同归责原则下,当侵害人和受害人均选择从事能够达到各自预期效用最大化目标的行为水平时,是否可以创造出一种均衡的状态。

（一）无责任归责原则

在无责任归责原则下,侵害人无须承担侵权责任,所以会被引导不去采取任何注意,即 $x = 0$。而受害人需要自担损失,所以会被引导采取合理注意水平 $y^*$。在这种条件下,侵害人和受害人的预期净效用见表4.13。

表4.13　双方事故中无责任归责原则下预期净效用表

| 注意水平 | 侵害人预期净效用（$u_i$） | 受害人预期净效用（$u_v$） |
| --- | --- | --- |
| $x=0$, $y^*$ | $B(a_i)$ | $B(a_v) - a_v[y^* + p(y^*)A]$ |

如同在单方事故中一样,双方事故中的侵害人也会选择去从事过高的行为水平。

对于受害人而言,基于促使自身预期净效用最大化的目标,$u_{vmax} = b'(a_v) - [y^* + p(y^*)A] = 0$,可以得出 $B(a_v) = y^* + p(y^*)A$,因此,受害人会选择一种 $a_v$ 使得 $B(a_v) = y^* + p(y^*)A$,那么

$a_v = a_v^*$。由此可以得出结论，在无责任归责原则下，受害人会被引导采取最优的注意水平 $y^*$ 和从事最优的行为水平 $a_v^*$。但是，因侵害人在这一原则下被引导不去采取任何注意，且被引导去从事过高行为水平，所以也无法达到社会最优的结果。

（二）过错责任归责原则

在这一原则下，侵害人和受害人均会被引导着采取合理注意水平 $x^*$ 和 $y^*$，在这种情况下，侵害人和受害人预期净效用如下表：

**表 4.14　双方事故中过错责任归责原则下预期净效用表**

| 注意水平 | 侵害人预期净效用（$u_i$） | 受害人预期净效用（$u_v$） |
| --- | --- | --- |
| $x^*$，$y^*$ | $B(a_i) a_i x^*$ | $B(a_v) - a_v [y^* + a_i p(x, y^*) A]$ |

如前所述，对于侵害人来说，在过错责任归责原则下，如果侵害人采取了合理注意而不必为造成的损失承担责任，他就不会考虑其行为水平对事故损失的影响，这样，他就会被引导从事过高水平的行为。

对于受害人而言，他会选择一种 $a_v$ 以实现其预期净效用最大化的目标，即 $u_{vmax} = b'(a_v) - [y^* + a_i p(x, y^*) A] = 0$，可以得出 $b'(a_v) = y^* + a_i p(x, y^*) A$。因此，$b'(a_v) = b(a_v^*)$，所以 $a_v = a_v^*$，即受害人在过错责任归责原则下会被引导正确地去选择最优的行为水平 $a_v^*$。

如前所述，不论属于何种过错责任形态，因侵害人采取合理注意水平就会避免侵权责任的承担，所以会被引导从事更高水平的行为。但是，在给定侵害人采取了合理注意水平且其行为水平恒定的情况下，受害人因为需要自行承担损失，所以只有当他从其行为中所获得的效用减去其注意成本超过由此所增加的预期事故损失时，受害人才会从事下一次的行为。因此，受害人均会为了内部化其需要承担的预期成本以及为实现预期成本最小化而降低其行为水平直至达到最优行为水平。但是，因为在这一原则下，侵害人虽然会被引导采取合理注意水平，但却不能被引导去从事最优的行为水平，所以结果也不是一种社会最优的状态。

(三) 严格责任归责原则

在严格责任归责原则下，侵害人需对造成的事故损失承担责任，所以他会被引导采取合理注意水平 $x^*$。但是，对于受害人来说，因其所遭受的全部损失均能获得赔偿，所以不会有采取注意的激励，因此不会采取任何注意，即 $y=0$。侵害人和受害人在严格责任归责原则下的预期净效用见表 4.15。

表 4.15 双方事故中严格责任归责原则下预期净效用表

| 注意水平 | 侵害人预期净效用（$u_i$） | 受害人预期净效用（$u_v$） |
| --- | --- | --- |
| $x^*$，$y=0$ | $B(a_i) - a_i[x^* + a_v p(x, y^*)A]$ | $B(a_v) - a_v y^*$ |

如同在单方事故中一样，双方事故中的侵害人也会选择去从事最优的行为水平。对于侵害人而言，他会选择一种 $a_i$ 以实现其预期净效用最大化的目标，即 $u_{imax} = b'(a_i) - [x^* + a_v p(x^*, y^*)A] = 0$，可以得出 $b'(a_i) = x^* + a_v p(x, y^*)A$。因此，$b'(a_i) = b(a_i^*)$，所以，$a_i = a_i^*$，即侵害人在严格责任归责原则下会被引导正确地去选择最优的行为水平 $a_i^*$。

对受害人而言，因其所遭受的事故损失均能获得赔偿，且其不采取任何注意，即其净效用不受预期事故成本的影响，那么他就会为了实现个人效用最大化的目标，一直从事行为直至达到非常高的水平。因此，在这一原则下，受害人不仅不去采取任何注意，而且也不会被引导去从事最优的行为水平，所以结果不是社会最优的状态。

对于双方事故而言，分析严格责任归责原则对行为水平的激励作用还需分析具有比较过错抗辩的严格责任归责原则。在这一原则下，侵害人和受害人都会被引导去采取最优的注意水平，即 $x^*$ 和 $y^*$，此种情况下的侵害人和受害人预期净效用见表 4.16。

表 4.16 双方事故中具有比较过错抗辩的严格责任归责原则下预期净效用表

| 注意水平 | 侵害人预期净效用（$u_i$） | 受害人预期净效用（$u_v$） |
| --- | --- | --- |
| $x^*, y^*$ | $B(a_i) - a_i [x^* + p(x^*) A]$ | $B(a_v)$ |

在具有比较过错抗辩的严格责任归责原则下，对于侵害人而言，他会选择一种 $a_i$ 以实现其预期净效用最大化的目标，$u_{imax} = b'(a_i) - [x^* + p(x^*) A] = 0$，由此可以得出 $b'(a_i) = x^* + p(x^*) A$。因此，侵害人会选择一种 $a_i$ 使得 $B(a_i) = x^* + p(x^*) A$，那么 $a_i = a_i^*$。由此可以得出结论，在这一规则下，侵害人会被引导着采取最优的注意水平 $x^*$ 和从事最优的行为水平 $a_i^*$。

在具有比较过错抗辩的严格责任归责原则下，对于受害人而言，因采取了合理注意，其所遭受的事故损失均能获得赔偿，即其净效用不受预期事故成本的影响，那么他也会为了实现个人效用最大化的目标，一直从事行为直至达到非常高的水平。因此，在这一原则下，受害人不仅不去采取任何注意，而且也不会被引导去从事最优的行为水平，所以结果不是社会最优的状态。

## 第三节　小结

笔者在这一章中综合运用了个人主义方法论，以及成本—效益分析、激励分析、均衡分析和博弈论等分析方法，就不同归责原则对侵害人和受害人注意水平和行为水平的预防激励作用进行了系统分析。

关于对注意水平的预防激励作用，笔者通过分析得出如下结论：

（1）在无责任归责原则下，不论对于单方事故还是双方事故来讲，因侵害人无须承担责任所以会被引导着不去采取任何注意，这样就会致使受害人承担过高的预期事故成本，无法实现事故总成本最小化的社会目标，所以无法取得社会最优的结果。然而因受害人承担了事故总成本，其实现自身预期成本最小化的私人目标与实现事故总成本最小化的社会目标达成一致，所以会被引导去采取合理的注意。因此，我们可以说在无责任归责原则下，既想避免事故发生，又要达到社会最优的结果，就需要由受害人去采取合理注意，也就是说，如果只有受害人能够采取预防措施，无责任归责原则提供了有效预防的激励机制，但是却不能满足双方预防假定下的有效性要求——对双方都产生采取有效预防的激励机制。[1]

（2）在过错责任归责原则下，不论对于单方事故还是双方事故来讲，过错责任归责原则可以发挥引导侵害人采取合理注意水平的有效激励。并且，受害人为达到其预期成本最小化的目标，也会被引导采取合理注意，从而可以实现社会成本最小化。因此，我们可以说，过错责任归责原则可以实现事故总成本最小化的社会目标，从而达到社会最优。

此外，双方事故会涉及共同过错和比较过错的问题。在具有共同过错抗辩的过错责任归责原则下，假设受害人采取了合理注意水平，那么根据该原则，其不用承担自身损失，此时，侵害人为了避免承担责任也会采取合理注意水平。同理，假设侵害人采取了合理注意水平，因侵害人不存在过错而无须承担侵权责任，那么受害人就需要自行承担损失，所以，受害人必然被引导着采取合理注意水平。这样就达到了一种均衡状况，从而可以实现社会成本最小化的

---

[1] 罗伯特·D. 库特, 托马斯·S. 尤伦. 法和经济学 [M]. 施少华, 姜建强, 等, 译. 上海：上海财经大学出版社，2002：261.

目标。在具有比较过错抗辩的过错责任归责原则下，当侵害人和受害人均采取合理注意时，可以达到均衡状态，并能实现社会成本最小化。只有单方采取合理注意时，无法达到均衡状态，这就意味着当一方采取合理注意时，另一方也将会采取合理注意。

通过分析，笔者认为，因为在过错责任归责原则下，如果侵害人尽到合理注意就可以免除承担责任，那么必然会对侵害人采取有效预防产生激励。如果侵害人采取了合理注意而得以免除承担侵权责任，那么受害人就需要自行负担侵权的剩余责任（Residual Liability），他也会被引导着去采取有效的预防。从这个意义上分析，我们可以看出，过错责任归责原则适合于侵害人和受害人均采取预防的事故，即过错责任归责原则（包含共同过错和比较过错形态）能够给予侵害人和受害人有效的预防激励机制。

（3）在严格责任归责原则下，不论对于单方事故还是双方事故来讲，严格责任归责原则可以引导侵害人采取社会最优注意水平，从而实现事故总成本最小化的社会目标，取得社会最优的结果。如果仅由受害人采取注意，严格责任归责原则对受害人而言不能起到有效的激励作用，无法实现事故总成本最小化的社会目标，所以无法取得社会最优的结果。因此，我们可以说如果只有侵害人能够采取预防措施，那么严格责任归责原则提供了有效的激励机制。但是，也不能满足双方预防假定下的有效性要求——对双方都产生采取有效预防的激励机制。[1]

双方事故常常涉及具有比较过错抗辩的严格责任归责原则，在这一原则下，侵害人和受害人都会为了使得各自预期成本最小化而去选择采取合理注意，所以会取得社会最优的结果，可以发挥对双

---

[1] 罗伯特·D. 库特，托马斯·S. 尤伦. 法和经济学 [M]. 施少华，姜建强，等，译. 上海：上海财经大学出版社，2002：261.

方采取有效预防的激励。

关于对行为水平的预防激励作用,笔者通过分析得出以下结论:

第一,单方事故中不同归责原则对侵害人行为水平的预防激励作用。

(1)在无责任归责原则下,侵害人不仅不去采取任何注意,而且也不会被引导着去从事最优的行为水平,所以结果不是社会最优的状态。

(2)在过错责任归责原则下,如果侵害人采取了合理注意而不必为其所造成的损失承担责任,他就不会考虑其行为水平对事故损失的影响,这样,他们就会被引导从事过高水平的行为。导致侵害人从事过高行为水平的原因在于,侵害人增加行为水平花费的成本等于注意成本,因为事故总成本等于注意成本和预期事故成本之和,所以侵害人增加行为水平花费的成本要低于事故总成本,这样就促使侵害人采取超出最优行为水平的行为,并且当造成的事故损失越大时,侵害人选择的行为水平越高。因此,在过错责任归责原则下,也无法达到社会最优的结果。

(3)在严格责任归责原则下,侵害人会被引导采取最优的注意水平和从事最优的行为水平,所以可以达到一种社会最优的结果。

第二,双方事故中不同归责原则对侵害人行为水平的预防激励作用。

(1)在无责任归责原则下,如同在单方事故中一样,双方事故中的侵害人也会选择去从事过高的行为水平。但是受害人却基于促使自身预期净效用最大化的目标而会选择从事最优的行为水平。因侵害人在这一原则下被引导着不去采取任何注意,且被引导着去从事过高行为水平,所以也无法达到社会最优的结果。

(2)在过错责任归责原则下,不论属于何种过错责任形态,因侵害人采取合理注意就会避免侵权责任的承担,所以会被引导着从事更高水平的行为。但是，在给定侵害人采取了合理注意水平且其行为水平恒定的情况下，受害人因为需要自行承担损失，所以只有当他从其行为中所获得的效用减去其注意成本超过由此所增加的预期事故损失时，受害人才会从事下一次的行为。因此，受害人均会为了内部化其需要承担的预期成本以及为了实现预期成本最小化而降低其行为水平直至达到最优行为水平。但是，因为在这一原则下，侵害人虽然会被引导着采取合理注意水平，但却不能被引导去从事最优的行为水平，所以结果也不是一种社会最优的状态。

（3）在严格责任归责原则下，如同在单方事故中一样，双方事故中的侵害人也会选择去从事最优的行为水平。对于受害人而言，因其所遭受的事故损失均能获得赔偿，且其不采取任何注意，即其净效用不受预期事故成本的影响，那么他就会为了实现个人效用最大化的目标，一直从事行为直至达到非常高的水平。因此，在这一原则下，受害人不仅不去采取任何注意，而且也不会被引导去从事最优的行为水平，所以结果不是社会最优的状态。

在具有比较过错抗辩的严格责任归责原则下，侵害人会被引导着采取最优的注意水平和从事最优的行为水平。对于受害人而言，因采取了合理注意，其所遭受的事故损失均能获得赔偿，即其净效用不受预期事故成本的影响，那么他也会为了实现个人效用最大化的目标，一直从事行为直至达到非常高的水平。因此，在这一原则下，受害人不仅不去采取任何注意，而且也不会被引导去从事最优的行为水平，所以结果不是社会最优的状态。

# 第五章　侵权损害赔偿的经济学分析

　　根据卡拉布雷西（1977）的观点，侵权法的主要目标是实现以下三种成本的最小化：一是首要事故成本的最小化，通过威慑的方法实现；二是次要事故成本的最小化，通过风险分散的方法实现；三是第三位的成本（管理成本）最小化。[1] 侵权法就是通过要求侵害人承担责任并负责赔偿损失而为其提供行为激励。赔偿是否充分在很大程度上影响激励的效果。有效损害赔偿对于侵权法律制度发挥最优功能极其重要。但是最优损害赔偿规则并非能够适用于任何一种情况，并且，有些情况下也不需要对受害人给予完全充分的赔偿。因此，确定一种最优的赔偿规则十分必要。如何才能达到最优赔偿的目的，取决于下列因素：（1）损害的本质（是可替代的损害还是不可替代的损害？）；（2）侵害人和受害人之间的关系以及风险

---

[1] Calabresi Guido. The Cost of Accidents: A Legal and Economic Analysis [M]. New Haven: Yale University Press, 1970:340.

的种类（属于单边风险、双边风险还是市场风险?）；（3）归责原则（适用过错责任还是严格责任?）；（4）侵权责任属于个人责任还是代理人责任？（5）信息成本、不确定性、判决和证据问题等因素。①

赔偿不足容易导致社会无效行为，并且违背侵权法律制度的基本目标。侵权法律制度的基本目标之一是通过创立一种促使人们采取适当预防措施的激励机制来威慑具有风险性或危险性的行为。

尽管经济学的必要目标是使得社会福利最大化，但是，法学家和经济学家适用了许多有效标准以确定何时能够获得社会福利最大化的目标。一些学者使用了帕累托最优标准，即如果在不降低他人效用的情况无法增加自己的效用时，那么整个社会就是帕累托最优的。其他一些学者采用了社会效用最大化的标准，即一项侵权规则是否有效取决于其是否能够使得整个社会的效用最大化，即使一些人的境况会因为不法行为的发生而变得更坏。另外一些学者则采用了卡尔多—希克斯标准，即如果一种变革使受益者所得足以补偿受损者的所失，这种变革就叫卡尔多—希克斯改进。当没有任何一种方法可以比以受益者补偿受害者的方式能够增加任何一方的效用时，整个社会就是卡尔多—希克斯有效的。② 不论采用哪一个标准，侵权责任必须使得事故总成本最小化。这也意味着侵权责任归责原则和损害赔偿规则应该促使行为人采用最优的注意水平和最优的行为水平。除此之外，侵权制度也应该通过保证规避危险者避免受到危险的损害而引导风险分散。

帕累托最优标准对损害赔偿的标准施加了一种附加的要求，即

---

① Jennifer Arlen. Tort Damages [J]// Boudewijn Bouckaert, Gerrit De Geest. Encyclopedia of Law and Economics (Volume II Civil Law and Economics). Cheltenham: Edward Elgar Publishing, 2000:683.

② Jennifer Arlen. Tort Damages [J]// Boudewijn Bouckaert, Gerrit De Geest. Encyclopedia of Law and Economics (Volume II Civil Law and Economics). Cheltenham: Edward Elgar Publishing, 2000:683.

要想获得帕累托有效，侵害人的危险行为不能使任何人的境况比侵害人的境况更坏。这就要求损害赔偿金必须使得受害人的境况恢复到未受到损害之前的境况，而之前的境况却取决于初始的权利分配。[1]

## 第一节 可替代损害之损害赔偿的经济学分析

从侵害的对象来看，损害可以分为可替代的损害和不可替代的损害，前者如汽车、衣物、金钱等，后者则主要是指身体受到伤害或导致死亡。下面就从经济学角度对可替代损害及不可替代损害的损害赔偿规则进行分析。

### 一、归责原则 Vs 损害赔偿[2]

人们在从事行为的过程中会产生外部性，如使得他人因自己的行为而遭受损失。侵权法律制度就是一种可以为行为人提供行为激励，促使行为人将其行为的外部性予以内部化的机制，即通过施加侵权责任，促使行为人在对采取何种注意水平和从事何种行为水平进行决策时将他人的可能损失考虑在内。行为人可以通过增加注意水平和（或）降低行为水平来降低事故发生的概率和严重性及预期事故损失。当进一步增加注意水平或进一步降低行为水平的边际收益等于预期事故损失减少所带来的边际收益时，就获得了最优的注

---

[1] Jennifer Arlen. Tort Damages [J] // Boudewijn Bouckaert, Gerrit De Geest. Encyclopedia of Law and Economics (Volume Ⅱ Civil Law and Economics). Cheltenham: Edward Elgar Publishing, 2000: 683.

[2] 笔者在这一部分从经济激励的角度出发，仅对过错责任归责原则和严格责任归责原则下损害赔偿的确定问题给予分析，不涉及无责任归责原则的相关损害赔偿问题。

意水平和最优的行为水平。

(一) 过错责任归责原则

过错责任归责原则将会促使受害人尽到有效注意并从事有效的行为水平。但是，根据过错责任归责原则，如侵害人尽到合理注意，则其无须承担其行为的后果，那么受害人则不得不承担所有损害的全部成本，这样就会对受害人尽到合理注意产生必要的激励，并促使其行为达到最优水平。

因此，当受害人会获得完全充分的损害赔偿时，过错责任归责原则将会达到最优的威慑水平。但是，即使达到最优的威慑水平，却不一定能达到帕累托最优。能否达到帕累托最优取决于初始的权利分配。过错责任归责原则明确赋予侵害人去从事对受害人造成合理范围内危险的权利，同时赋予受害人免受非合理危险侵害的权利。那么，当要求侵害人对其所从事的非合理危险行为对受害人造成的损失负责完全并充分地加以赔偿时，则会达到帕累托最优标准，因为受害人的境况并非因此变得更坏。但是，如果受害人初始获得的权利是免受侵害人造成的任何损害时，则无法达到帕累托最优，因为在这种情况下，过错责任归责原则只是要求侵害人负责赔偿其非合理行为对受害人造成的损害，那么受害人的境况则因为其因侵害人合理行为所受到的损害无法获得赔偿而变坏。

在过错责任归责原则下，为了达到对侵害人采取合理注意的有效激励，无须要求侵害人承担完全充分的损害赔偿。只要采取合理注意的成本低于采取较低水平的注意时所花费的成本加上所承担的损害赔偿责任之和，这样就能促使侵害人采取合理注意。但是马塞·凯翰（Marcel Kahan）（1989）指出，如果法院在确定损害赔偿责任时，为了仅要求侵害人负责赔偿其过错行为所造成的损失而需要证实过错和损失之间有因果关系的，那么在过错责任归责原则下，也需要适用完全有效的赔偿规则。①

萨维尔（2004）指出，如果法院在确定行为人的真实注意水平和合理注意水平时存在错误，侵害人为了避免被错判而承担赔偿责任则可能会采取过高的注意水平。此时如果施加较低的赔偿责任可能有助于缓解这一状况。对于过错和损失之间需要证实存在因果关系也能改变这种结果。②

（二）严格责任归责原则

根据帕累托最优标准，受害人经常会获得完全充分的赔偿，以确保侵害人的危险行为没有使得受害人的境况比侵害人不从事危险行为时的境况变得更坏。如果受害人对于争议中的受损财产享有初始的权利时，则应当获得完全充分的赔偿以确保其境况不会变得更坏。

如果适用的归责原则为严格责任归责原则，因侵害人需要承担其所造成的全部事故损失，那么事故总成本（注意成本和预期事故成本之和）就会由其承担。因此，侵害人就会选择从事一种可以使得事故总成本最小化的注意水平，即最优的注意水平，也会去从事一种可以为其带来高于事故总成本的收益的行为水平，即最优的行为水平。显然，侵害人在行为前所进行的决策是以其行为造成的全部社会损失为基础的，所以，对于可替代物品造成损害的有效损害赔偿规则就是对受害人进行完全充分的赔偿，尤其是受害人应该获得相当于受损物品市场价值的赔偿。这一损害赔偿规则对于严格责任体制下的不法行为将会取得最优的威慑，确保受害人采取风险分散，并且对侵权责任规则和初始权利分配的依赖可以满足帕累托效

---

① Kahan Marcel. Causation and the Incentives to Take Care Under the Negligence Rule [J]. Journal of Legal Studies, 1989(18):427－447.

② Shavell Steven. Foundations of Economic Analysis of Law[M]. Cambridge, Mass.: The Belknap Press of Harvard University Press, 2004:175－206.

率的要求，即侵害人的危险行为必须不能使得任何人的境况比侵害人的境况更坏的要求。

当采用严格责任归责原则确定侵权责任时，损害赔偿规则可以取得最优的威慑作用。根据严格责任归责原则，如果危险行为的预期成本（即预期损害赔偿责任）等于危险行为的社会成本时，侵权人将会采取能够使得总社会成本最小化的合理注意水平。这就意味着损害赔偿责任应当等于事故的社会成本，这样，受害人损失才能得到补偿。严格责任归责原则也会促使侵害人去从事最优的行为水平，因为侵害人从事造成损害赔偿责任增加行为的成本将会等于其所作出促使事故成本增加之决定的社会成本。但是，假如每一个侵害人卷入事故的概率依赖于从事危险行为人数的话，严格责任归责原则将不会促使最优行为水平。在这种情况下，采用严格责任归责原则，侵害人将会过量从事危险行为，因为他们不会将他们的行为对于其他可能卷入事故的侵害人的影响考虑在内。

当潜在受害人的合理注意水平和行为水平影响预期事故成本时，侵权责任规则也必须促使受害人去采取最优的注意，并从事最优数量的行为。但是，严格责任体制下的完全充分赔偿规则却可能削弱上述效果，当受害人受到完全充分的赔偿时，严格责任归责原则将不但不会促使受害人采取最优的注意，并且也不会促使受害人从事最优的行为水平，因为受害人不承担任何损害的成本，且无须花费资源去避免损害的发生。但是，假如适用具有比较过错抗辩的严格责任归责原则时，那么受害人则负有尽到合理注意的义务。因为，在上述情况下，受害人需要承担其因未尽到合理注意义务而产生的成本。但是即便如此，受害人也不会从事最优的行为水平，因为只要受害人尽到合理注意义务，其所遭受的损害就会得到完全充分的赔偿。

二、与确定损害赔偿相关的因素

设置侵权责任的目的在于促使行为人采取最优的注意水平和最

优的行为水平，当意外事故导致多种损害并且损害赔偿金等于损害时，侵害人便会采取最优行为。原因在于，当行为人必须承担其行为所造成的实际损害时，不管损害程度如何，其所应承担的损害赔偿金应当等于预期损害。损害赔偿不足则会造成对减少危险的激励不充分，损害赔偿过多则会造成对减少危险的激励过高。侵权法的原则是侵害人应当对其所造成的实际损失负责赔偿，不管实际损失是高还是低。当侵害人损害的财产自身具有缺陷时，侵害人也需要赔偿。当侵害人造成的损失较小时，则负责承担较小的损害赔偿范围。

（一）损害赔偿和损失几率

1. 最优的损害赔偿不受损失几率的影响

当损害赔偿的范围等于实际损失程度时，则能够达到行为最优状态。这也就意味着如果损害赔偿的范围因为受到其他因素的影响而需要加以调整时，比如，因为损失几率比较小而降低损害赔偿金，或者因为损失几率比较大而增加损害赔偿金，那么就无法达到行为最优。下面就详细论述损害赔偿和损失几率之间的关系。

2. 异常损失的损害赔偿之限制

假如当造成的损失异常高于预期水平时，将损害赔偿金限定为平均/显著损失程度，那么预期的损害赔偿金就会低于预期损失，并且对于尽到合理注意的激励也不充分。预期损失的程度反映了可能发生的意外事故的各个方面，预期损失是发生于许多从个体意义上说不大可能发生损失的几率统计集合体。假如因为特定意外事故发生的几率而降低损害赔偿金，那么预期损害赔偿金就不等于预期损失。

3. 限制条件

假如在不考虑某种意外事故发生几率的情况下，降低损害赔偿金不会引起激励程度的降低，那么就可以对损害赔偿的范围加以限制。但是，值得注意的是，这一点并不是降低损害赔偿金的原因，只是表达降低损害赔偿金可能对激励不会产生有害影响。

因为行为人实际上不能预料事故造成损害的程度,所以为了确定不受事故发生几率影响的意外事故类型,人们应当把可能发生的事故加以归纳分类,并且确定每一类事故发生的几率,以便行为时作为参考。对于有一些无法归类的事故,则属于异常情况。

对于不考虑事故发生几率而限制侵权责任赔偿范围的政策可能存在以下几个方面的问题:其一,这种政策可能使得事故双方在对事故进行预期方面欺骗法院。其二,减少了事故双方对其行为可能造成的后果加以充分并全面地考虑的激励。其三,可能增加裁判成本。①

4. 发生几率极低的损失的实际损害赔偿范围

在英美法系国家,损害赔偿金应当等于损失这一原则也存在例外,因为英美法系国家要求应当赔偿的损失应是行为人可预见范围内的损失,因此,对于侵害人无法预见的损失,不能要求侵害人加以赔偿。英美法系国家将这种无法预见到的损失界定为牵强、特殊、异常的损失,属于发生几率极低的损失。

5. 发生几率极高的损失的损害赔偿范围

如果发生几率极高的事故的损害赔偿金超过了实际损失程度,那么对于事故双方来说,促使其减少危险的激励都很充分。举个例子,假如一个建筑公司实施爆破进行挖掘的行为实际上造成了一些损失,如果因为发生损失的几率高而要求建筑公司承担过高的损害赔偿金,那么就会促使建筑公司在实施爆破行为时采取额外的预防措施,或者选择使用较昂贵的挖掘手段,甚至即使爆破手段属于社会最优时也会增加预防措施。

损失发生几率极高一般不会导致损害赔偿金高于实际发生的损失。但是也有例外,当侵害人行为时不计后果,或者在明知道损害

---

① Shavell Steven. Economic Analysis of Accident Law [M/OL]. [2009-08-01]. http://www.law.harvard.edu/programs/onlin_center/.

会发生的情况下继续实施侵害行为，或者故意实施侵害行为时，损害赔偿金则会高于实际发生的损失。

（二）损害赔偿和法院关于损失程度的不确定性

1. 损害赔偿金等于预期损失

即使法院不能正确地估计事故的损失程度，但是在确定损害赔偿金时如果采用平均损失程度，那么应该承担侵权责任的当事人需要支付的损害赔偿金最终仍然等于预期损失，因此也会促使行为人采取最优的行为水平。

2. 法院的不确定性

当损害实际发生时，法院可能对损失程度不确定，比如，当一所房子着火了，房子里面物品的价值不易确定。因此，当法院根据平均水平来估计预期损失时，对侵害人减少危险是否能够施加充分激励无须考虑，此时法院也无须确定受害人遭受损失的程度。

对不确定损害进行估价是一个困难并且有争议的过程，并且会增加法律制度的管理成本。因此，当无法确定损失程度且对减少危险的激励不会产生太大影响时，社会期望法院在计算损害赔偿金时将这些不确定损失排除在外。然而，另一种比较好的方法是促使法院采用一些易于使用的公式对不确定损失加以估算。

3. 损失程度不确定时的损害赔偿金的实际确定

当损害涉及财产损失时，法院一般会将部分不确定损失计算在内，当财产损失涉及预期利润时也是如此，但是计算方法相对比较传统。

（三）损害赔偿和诉讼成本

根据帕累托标准，损害赔偿规则必须包含受害人的诉讼成本，因为一个将赔偿仅限于损害而未将受害人诉讼成本包含在内的赔偿规则会使得受害人的境况更坏，至少在那些受害人对于受损财产享有初始权利的案件中是这样。

1. 过错责任归责原则下的诉讼成本补偿问题

在过错责任归责原则下，如果诉讼成本不是高到使得受害人不会提起诉讼的程度，对侵害人施加补偿性赔偿就可以促使侵害人采取合理注意。一旦侵害人采取了合理注意，受害人就不会提起诉讼了，这样可以取得最优的结果。但是，如果诉讼成本过高而使得许多损害诉讼不能被提起的话，最终侵害人也不会采取合理注意了。所以，增加对诉讼成本的补偿以促使侵害人提起诉讼，不仅有利于对最优注意的激励，而且也有利于实现诉讼成本的最小化。

2. 严格责任归责原则下的诉讼成本补偿问题

在严格责任归责原则下，侵权赔偿应是对受害人损失的完全和充分赔偿。除此之外，有些案件的侵害人还需承担受害人的诉讼成本。根据波林斯基和鲁宾费尔德（1988）的观点，侵权法律制度除了促使行为人采取最优的注意外，还应当减少诉讼成本，对侵害人采取注意的激励和对受害人提供诉讼的激励都应该考虑在内。基于最优威慑的目的，侵害人应当向受害人赔偿诉讼成本。原因在于：其一，如果受害人必须自担诉讼成本且诉讼成本超过预期所能获得的赔偿，他就会认为不值得提起诉讼了。这样的话，因为并非全部的受害人均会提起诉讼，侵害人最终没有负担其损害的全部预期损失。其二，即使所有的受害人都提起诉讼，侵害人也不会负担他们行为的全部社会成本，因为，侵害人行为的社会成本是受害人损失和诉讼成本之和，诉讼成本构成了侵害人所引起的社会成本的一部分。如果将责任仅限定为补偿性赔偿则可能导致受害人因为诉讼成本问题而不提起诉讼，因此，应该要求侵害人同时承担受害人诉讼成本的大部分，这样就能促使受害人对于侵害人未采取合理注意的案件提起诉讼。社会所期望的是，对于侵害人事前已经采取合理注意的案件，受害人事后不会提起诉讼，因为，尽管侵害人已经采取了合理注意，一旦涉及诉讼还会引起诉讼成本问题。①

为了使得严格责任归责原则能够为侵害人提供事前采取注意的正确激励，当受害人受到损害时，他应该是乐于并能够提供诉讼。如果注意水平影响损失大小的话，那么，当侵害人采取最优注意时，对损害的补偿加上对诉讼成本的补偿之和应低于全部的诉讼成本，而当侵害人未采取最优注意时就应高于全部诉讼成本，这样才能同时实现对侵害人采取最优注意和对受害人提起诉讼的激励，从而取得社会最优的结果。但结果往往是，如果受害人在侵害人采取较低水平的注意时会提供诉讼，那么就能促使侵害人采取注意并增加注意的程度至最优注意水平，反过来讲，如果侵害人采取了最优注意，就可能促使受害人不提起诉讼。另外，如果诉讼成本很低的话，即使侵害人采取了最优注意，受害人也会提起诉讼。在这些案件中，降低补偿性赔偿的标准促使受害人倾向于不提起诉讼，可以避免这些管理成本，但是却限制了对注意的正确激励。因此，对于适用严格责任归责原则的某些侵权案件而言，如果仅采用补偿性赔偿而不将对诉讼成本的补偿考虑在内的话，这样也不会促使侵害人采取有效的注意水平和从事有效的行为水平。

但是，当侵害人采取注意的程度对于损失几率及损失大小不具有实质影响时，要求侵害人承担诉讼成本就没有必要了。因为即使对侵害人施加了诉讼成本的负担，却不能对侵害人采取注意的程度产生激励，然而却促使受害人去提起诉讼从而使得社会成本增加。

(四) 损害赔偿金与受害人防止损失扩大

1. 受害人为防止损失扩大而采取的措施

发生意外事故时，受害人可以通过采取各种各样的措施控制损

---

① Polinsky A. Mitchell, Daniel Rubinfeld. The Welfare Implications of Costly Litigation for the Level of Liability[J]. Journal of Legal Studies, 1988, 17(1):151-164.

害的进一步扩大。受害人所采取的用于防止损失进一步扩大的措施应该与意外事故发生之前侵害人可以采取的用于防止事故发生或者损失扩大而采取的预防措施相区分。

2. 社会福利最优化

为了达到与意外事故相关的社会成本（包含受害人为降低损失而采取措施付出的成本）最小化的目标，假如受害人为防止损失扩大而采取措施的成本低于被降低了的损失，那么受害人为降低损失而采取措施就是社会所期望的。如果发生意外事故，社会总成本应该等于损失加上为降低损失而采取措施的成本。

3. 最优水平的损害赔偿金

最优水平的损害赔偿金应为受害人已经为防止损失扩大而采取措施的最优状态下——不管受害人是否实际上已经为防止损失扩大而采取了有关措施——其所遭受的损失程度加上其为防止损失扩大而采取措施所付出的最优成本，这样确定损害赔偿金可以达到促使受害人为防止损失进一步扩大而采取措施的最优状态，对受害人为达到降低损失的最优状态而采取措施产生激励，同时也能达到促使侵害人为防止发生意外事故而尽到最优的合理注意，从而采取最优的预防措施。

## 第二节　不可替代损害之损害赔偿经济学分析

一、最优赔偿规则

（一）初始权利对赔偿规则的不同影响

对于意外事故导致的人身伤害及死亡，当今的法律制度无法使受害人获得完全充分的赔偿，受害人只是获得了与人身伤害相关的金钱赔偿及对于身体及精神痛苦的一定补偿而已。因此，摆在我们面前的一个问题就是，如何才能完全充分地赔偿遭受人身伤害的受害人使其免受伤害？侵权法律制度是否需要促使人身伤害获得完全充分的赔偿？回答上述问题取决于采用什么样的效率标准。根据帕累托最优标准，侵权责任应当确保侵害人的危险行为不使受害人的境况变坏。由此看来，受害人应当获得完全充分的损害赔偿，但是，能否达到帕累托最优首先应当确定一下初始的权利分配状况。

1. 侵害人有权任意从事特定危险行为

根据萨维尔的观点，在社会赋予侵害人有权从事特定危险行为的情况下，帕累托最优目标是通过在确保侵害人境况不变坏的情况下促使潜在受害人的效用最大化而得以实现的。在这种情况下，无须对受害人的损失进行赔偿，因为受害人实质上没有丧失任何利益。[1]

2. 受害人对其健康享有初始权利

在受害人享有免受任何伤害权利的情况下，帕累托最优是通过在确保受害人的境况不会比侵害人不从事危险行为时的境况更坏的情况下促使侵害人的效用最大化而得以实现的。这就意味着应当完全充分地赔偿受害人，使其恢复到事故发生前的状况。但是，现实情况却并非如此。

3. 侵害人有权从事合理范围内的危险行为

受害人可能只享有免受侵害人所造成的非合理范围内损害的权利。根据事前预防的要求，只要受害人所遭受的合理水平范围内的事故成本获得赔偿，那么受害人的境况则不会发生任何变化。但是，赔偿往往是事后获得的，为了使得受害人的境况不会因为侵害人的危险行为发生任何变化，则需要在事故发生后对受害人进行完全充

---

[1] Shavell Steven. Economic Analysis of Accident Law[M]. Cambridge, Mass.: Harvard University Press, 1987: 274 - 256.

分的赔偿。

(二) 生命价值评估

对生命价值进行评估是英美法系国家在确定死亡案件损害赔偿金时所涉及的一个重要问题。路易斯·威斯乔（Louis Visscher）在其《侵权损害赔偿》一文中从行为激励效能视角分析了死亡赔偿金的最优数额问题。他将问题分成了两个方面：一是侵害人应支付的最优赔偿数额；二是受害人应接受的最优赔偿数额。[1]

威斯乔指出，为了使得侵害人将其所造成的死亡事故涉及的成本完全予以内部化，有必要对生命价值进行评估。生命统计价值（VSL，Value of a Statistical Life）来源于人们在市场环境下所作出的有关健康和安全的各种各样的决定。人们在面对那些关乎健康和安全的选择时所作出的决定都暗含着对金钱和风险的抉择问题。如果一个人把降低风险看得比较重要的话，那么他就会选择花费一定成本去避免事故发生。通过对人们此类的抉择进行分析，就可以确定生命统计价值。但是，通过这种方式所确定的生命统计价值不能被看作表示生命真实价值的"正确数额"。因为不同的人有不同的风险偏好和安全估价，且生命统计价值仅是某一类研究机构在对所选定的人群在金钱和风险抉择方面所作出的不同决定进行统计分析的结果。

凯斯·R.桑斯坦（Cass R. Sunstein）指出，那些较易伤害年轻人的行为要比那些较易伤害老年人的行为所造成的预期事故损失高。[2] 因此对年轻人死亡所支付的损害赔偿金要高于对老年人死亡所支付的损害赔偿金，这样才能提供正确的注意和行为激励。因此，

---

[1] Visscher Louis T.. Tort Damages[J]// M. G. Faure(Ed). Encyclopedia of Law and Economics(Volume I Tort Law and Economics). 2 nd ed.. Cheltenham: Edward Elgar Publishing,2009:153-200.

[2] Sunstein Cass R.. Lives, Life-Years, and Willingness to Pay[J/OL]. University of Chicago Law & Economics, Olin Working Paper No. 191,2003:2. [2009-08-04]. http://ssrn.com/abstract=421341.

不同年龄段的生命统计价值应该有所不同。

法院对生命价值的确定很可能依赖于法院如何看待侵权损害赔偿：法官们是将损害赔偿金看作受害人的一种所得还是看作对之前健康的人的一种补救，即法官们在确定损害赔偿金时，关注的视角是为确保受害人身体健康所需要的赔偿金额，还是受害人为了承受伤害本需获得的赔偿金额。

（三）事前损害赔偿金需求值（the *ex ante* Compensation Demand Value of the Injury）Vs 事后损害赔偿金需求值（the *ex post* Compensation Demand Value of the Injury）

1. 引入事前损害赔偿金需求值计算方法的必要性

帕累托最优标准下的完全赔偿规则属于一种事后赔偿，因为按照完全赔偿规则的要求，侵害人所承担的损害赔偿金必须能够促使受害人的身体恢复至事故发生之前的状况。但是，死亡案件的赔偿却无法达到这种效果。因为，死亡案件的受害人在事故发生之后就无法从侵害人所支付的财富中获得任何效用，因此完全赔偿规则的目标在该类事故中无法得到实现。此外，如果采用完全赔偿规则还有可能引发受害人亲属的道德风险行为。根据大卫·傅利曼（David Friedman）（1982）的观点，对于死亡案件来说，侵害人无法做到对受害人进行完全赔偿的原因不是在于生命的价值是无限的，而是因为侵害人所支付的损害赔偿金对于已经死亡的受害人来讲，已经没有任何价值了。他还论述了以事前损害赔偿金需求值为基础计算损害赔偿金的方法，即要求侵害人在任一事故发生之前，事先对所有潜在的受害人都给予赔偿。这样的话，损害赔偿金就会支付给那些对生命进行评估的人。[1]

---

[1] Friedman David. What is "Fair Compensation" for Death or Injury? [J]. International Review of Law and Economics, 1982(2):83.

尽管为了达到最优威慑，侵害人必须承担他所造成的任一伤害的全部成本，但这并不意味着侵害人必须支付一笔能够改善受害人的状况使之和受到伤害之前的状况一样好的赔偿金，该损害赔偿金数量等于事后损害赔偿金需求值。从社会角度出发，侵害人危险行为的成本最好根据他对所有潜在受害人造成风险的全部成本来测算，即以事前损害赔偿金需求值为基础确定损害赔偿金，这种赔偿金是对受害人能够接受侵害人所施加风险的补偿。事前损害赔偿金需求值一般低于事后损害赔偿金需求值，它是给予身体健康的人以补偿其能够承受一种可能从不会发生的伤害的风险。如果事前给予补偿，人们一般能够接受一个较低金额的赔偿金。

2. 采用以事前损害赔偿金需求值计算方法的可能性

但是，采用以事前损害赔偿金需求值为基础确定损害赔偿金的计算方法却无法落到实处，原因在于：一方面，法院无法对种类繁多的危险行为进行事前评估；另一方面，按照波斯纳的观点，许多危险行为的"受害人"依事前方法甚至不会意识到对他们会有危险，并且偶然遇险死亡的某人的遗产继承人也会有特殊的激励去诉讼，所以能收到的也只能是他的事前风险酬金，而这通常只是一笔很小的数额。[①]

3. 依事前评估的生命价值确定事后的损害赔偿金额

波斯纳指出，对死亡案件的估价问题可以通过区分由危险活动引起的事前（ex ante）和事后（ex post）效用的变化来解决。[②] 傅利曼也主张，如果存在一种可以促使潜在受害人在身体健康时获得赔偿利益（此时获得的金钱赔偿对其是有价值的）的机制时，实施一

---

① 理查德·A.波斯纳. 法律的经济分析 [M]. 蒋兆康，林毅夫，译. 北京：中国大百科全书出版社，1997：254.
② 理查德·A.波斯纳. 法律的经济分析 [M]. 蒋兆康，林毅夫，译. 北京：中国大百科全书出版社，1997：253.

种赔偿金额以事前生命价值为基础的事后赔偿制度就能以低于目前水平的赔偿金实现对受害人的完全赔偿。

（四）受害人支付意愿度（WTP, Victims' Willing to Pay）Vs 受害人接受意愿度（WTA, Victims' Willing to Accept）

最优赔偿规则的确定与潜在受害人的支付意愿度和接受意愿度有关。一项损害赔偿金是否能够发挥最优威慑的效能，还需要考察该损害赔偿金是以潜在受害人为避免事故发生而愿意支付一定的成本为基础，还是以潜在受害人愿意接受风险时所应获得的赔偿为基础。从受害人支付意愿度和受害人接受意愿度两个角度对生命的威慑价值进行分析，会产生不同的结果。

受害人支付意愿度适合双方事故和产品责任有关损害赔偿金的计算。但是，根据麦克·盖斯特费尔德（Mark Geistfeld）的观点，如果采用受害人支付意愿度为基础来确定损害赔偿基金，因为富人的支付意愿度较高，那么其就有权获得更多的损害赔偿金，这样就会引发不公平。[①]

但是，如果以风险的事前威慑价值为基础来确定侵害人的责任，即以购买某类产品的所有消费者的支付意愿度加总之和除以预期的事故数量来确定责任，那么受害人均能获得相等的损害赔偿金，这样就可以消除上述富人和穷人之间的不公平。

受害人接受意愿度（需求值）的计算方法适合以下两种情况：第一，适用严格责任归责原则且双方当事人互不认识的事故，因为严格责任归责原则明确赋予了受害人对其身体健康所享有的权利。第二，在社会福利最大化标准和卡尔多—希克斯标准下，如假设人们对其身体健康享有权利并且风险所产生的收益不低于受害人用于

---

[①] Mark Geistfeld. Placing a Price on Pain and Suffering: A Method for Helping Juries Determine Tort Damages for Nonmonetary Injuries [J]. California Law Review, 1995 (83): 805 – 806.

补偿风险所需的赔偿金时，适用过错责任归责原则确定合理注意和损害赔偿金也应以受害人对风险的接受意愿度为基础。

## 二、有效威慑 Vs 风险分散

侵权责任归责原则和赔偿规则决定了最终的风险分散状况。当发生人身伤亡事故时，对于一项损害赔偿规则而言，要想同时发挥最优的威慑和最优的风险分散两项效能是很难的。最优威慑要求侵害人承担其行为的全部社会成本（包含非金钱损失），但是如果要求侵害人完全赔偿受害人的话，却不能对受害人产生从事最优风险分散的激励。萨维尔将社会理想状况做了如下定义：各方对于注意水平和行为水平的选择能够作出最优的决定，并且风险厌恶者通过保险安排或者将风险转移至风险中立方而将风险予以分散，最终实现不承担风险。[1]

不管受害人是健康还是受到伤害，只要他们可以从其他财富中获得相同的边际收益，就能有效地分散损失风险。在受害人健康状况良好的情况下，所获得的最优数量的保险赔偿金也低于适用完全赔偿规则时对受害人全部损失的赔偿金。不管潜在受害人在受到伤害时是健康还是有伤残，如果在其受到伤害时所得到的赔偿不能使其恢复到事故发生之前的效用水平，对他来说，其财富的边际效用都是相同的。同样的道理，当潜在受害人身体状况良好时，一般不会充分投保意外事故保险。然而，能够使受害人恢复到事故发生之前效用水平的完全赔偿规则可能会造成赔偿过度，因为完全赔偿规则超过了有效的保险责任范围。

虽然在一个运行良好的过错责任归责原则下，威慑和风险分散

---

[1] Shavell Steven. Foundations of Economic Analysis of Law[M]. Cambridge, Mass.: The Belknap Press of Harvard University Press, 2004:259.

之间不存在矛盾。因为,侵害人会被引导着采取合理注意,因而不存在过错而无须承担责任,这样受害人为了分散风险就会购买保险。但是,如果侵害人未尽到合理注意,其应承担相应的侵权责任,那么侵权责任归责原则和赔偿规则在发挥威慑效能和风险分散效能方面还是存在矛盾的。

在严格责任归责原则下,运用以威慑为基础的损害赔偿金并不必然与受害人最优分散风险的能力相矛盾。尽管,为了促使达到最优的激励,侵害人必须承担其所造成损失的全部成本,但这并不意味着侵害人所负担的赔偿金必须能够使得受害人的境况恢复至事故发生之前的状态。从社会角度看,在确定侵害人责任时,不能以受害人在事故发生之后对赔偿的需求为基础来确定,而是应该以事先对受害人能够接受受损风险进行评估,从而确定侵害人的赔偿责任。

为了消除有效威慑和风险分散之间的矛盾,确保二者同时发挥效能,根据萨维尔的观点①,可以考虑将侵害人的责任从受害人利益的恢复中分离出来。以事前赔偿金为基础确定侵害人的赔偿责任,并将最终确定的损害赔偿金分成两部分:一是要求侵害人支付一笔金额等于伤害的保险价值的赔偿金以确保受害人利益得以恢复;二是为了达到最优威慑的效果,向侵害人施加一种罚款,要求其向国家缴纳一笔额外的费用。

## 第三节 惩罚性损害赔偿金存在的经济合理性

对于侵权案件施加惩罚性损害赔偿,一方面,是为了达到社会

---

① Shavell Steven. Economic Analysis of Accident Law[M]. Cambridge,Mass.:Harvard University Press,1987:233-235.

福利最大化而对补偿性损害赔偿所导致的威慑不足予以弥补,另一方面,是为了达到惩罚侵害人的目的。

## 一、通过引导受害人积极追偿而达到最优威慑

现实中,有些受害人因为不知道或难以证明侵害人是谁,或者因为诉讼成本过高而对侵害人采取不追偿的行为,这样就使得侵害人逃脱了对其所从事的部分侵权行为本应承担的侵权责任。基于此,对于那些有时会逃脱承担其所从事的部分侵权行为所致的侵权责任的侵害人来讲,如果在受害人提起诉讼时仅被裁决承担补偿性损害赔偿金,那么,侵害人预期的损害赔偿金就会低于其侵权行为所造成的预期损失,就会造成侵害人采取预防措施降低风险的激励不足,并且他们也可能被引导着从事更多的危险行为。

为了解决这一问题,在裁决侵害人应该承担侵权责任的场合,就应该提高损害赔偿金的数额,以达到就侵害人看来,其预期所能承担的损害赔偿金等于其所造成的损失金额,这就意味着,全部的损害赔偿金应当等于损失金额乘以侵害人被裁决承担损害赔偿责任概率的倒数,这样就使得预期损害赔偿金等于预期损失,从而得以发挥对侵害人的正确激励。萨维尔用 $h$ 表示损失,用 $p$ 表示被裁决承担损害赔偿责任的概率,那么当侵害人被裁决承担损害赔偿责任时,其应该支付的损害赔偿金为 $h \times (1/p) = h/p$,侵害人预期的损害赔偿金为 $p \times (h/p) = h$。此处的 $1/p$ 被称为全部损害赔偿金的乘数。举例说明,如果侵害人被裁决承担损害赔偿责任的概率为 0.25,全部损害赔偿金的乘数就为 4 ( =1/0.25),那么,侵害人所应支付的全部损害赔偿金应为被裁决承担损害赔偿责任时损失水平的 4 倍。

全部损害赔偿金减去补偿性损害赔偿金就等于惩罚性损害赔偿金,即 $h/p - h$。假如损失是 10 万元,被裁决承担损害赔偿责任的概率为 0.25,全部损害赔偿金就为 40 万元,按照补偿性损害赔偿金的

理论，补偿性损害赔偿金等于损失 10 万元，那么剩余的 30 万元就是惩罚性损害赔偿金。

因此，施加惩罚性损害赔偿金，有助于增加受害人提起诉讼的几率，从而也增加了侵害人被裁决承担侵权责任的几率。

## 二、校正损失计算错误所致的补偿不足

法院在确定损害赔偿金时，如果对损失的计算有错误，就可能造成损失被低估，此时如果仅裁决侵害人承担补偿性损害赔偿金就会导致补偿不足，而致威慑不充分。所以，在这种情况下，有必要施加惩罚性损害赔偿金。

但是，考虑到在计算损失的过程中所存在的困难和需要花费的成本，有些损失可能被排除在补偿性损害赔偿金之外。比如，对于死亡案件而言，如果对于受害人的朋友也给予精神痛苦方面的损害赔偿的话，那么就会造成原告数量增多，诉讼成本也会随之增加。因为该类精神痛苦损失难以计算，最好是将其排除在补偿性损害赔偿金之外，同样的道理，此类损失也应排除在惩罚性损害赔偿金之外。

## 三、制止侵害人从事获得违法效用的侵权行为

假设侵害人将会从其引起的侵权事故中获得效用，并且这种效用不被社会福利所认可而致侵害人的此种行为不会受到社会鼓励，那么就会对侵害人施加超过其因侵权行为而获得的效用水平的损害赔偿金，要求侵害人承担的损害赔偿金势必大于造成的损失。此种情况下施加的损害赔偿金属于惩罚性损害赔偿金。

## 四、鼓励市场交易

在一些情况下，在侵害人施加侵害之前可能有机会与受到侵害

威胁的人进行交流，此时，潜在侵害人可能与潜在受害人协商以取得从事此类造成损失的行为的权利。比如，公司为了避免造成版权侵权而通过与版权人进行沟通以获得使用其版权的许可。在这种情况下，社会也期望潜在侵害人与潜在受害人进行协商，使得潜在侵害人获得从事可能造成损失行为的权利。为了取得这种激励，可以要求潜在侵害人因其损害行为而承担惩罚性损害赔偿金。特别是当损害赔偿的一般水平可能不足以补偿受害人所遭受的损失时更是如此。一个潜在的侵害人当考虑到其因从事侵权行为而获得的受益大于其所估计的对他人造成的损失程度时（但实际上小于因发生侵权而实际造成的损失），他就会从事侵权行为。对造成的损失低估会产生一些不好的影响。假如侵害人未经支付价款而从受害人处把财产取走，那么侵害人就会为取得财产而努力，而受害人就会为保护财产不受侵犯而努力，这些努力从社会意义上来说都属于浪费。假如对这种单边侵权行为施加惩罚性损害赔偿金，则可以避免此类浪费的发生，因为只要侵害人的受益超过受害人的损失，就会促使交易行为发生。

施加惩罚性损害赔偿金的另一个理由是为了鼓励与管理成本相关的市场交易。如果只适用补偿性损害赔偿金，财产损失及所有权争议要比施加惩罚性损害赔偿金情况下更频繁地通过提起法律诉讼来解决。因此，假如市场交易要比诉讼成本低，将会选择惩罚性损害赔偿金以达到社会最优化。

### 五、基于惩罚侵害人的目的

使用惩罚性损害赔偿金的目的还在于对侵害人施加惩罚。行为人在行为前，会考虑到因为侵权可能被施加惩罚性损害赔偿金而使自己获得的效用降低，那么就会谨慎行事。有些国家的侵权法不但规定了高于损失的损害赔偿金以满足惩罚的目的，并且还为惩罚性损害赔偿金的设置提供了正当理由。

在理解惩罚性损害赔偿金的惩罚目的时应该明确以下两点：一是损害赔偿的最优水平中和了惩罚作用和威慑作用；二是当对公司施加惩罚性损害赔偿金时，实际上承担责任者为公司里的人（公司法定代表人或直接责任者）。因此，确定损害赔偿金时，一方面需要考虑到个人代替公司承担惩罚性损害赔偿的责任，另一方面应该考虑到个人其实不属于应当承担侵权责任的人。

## 第四节 小结

在本章中，笔者对于补偿性损害赔偿区分成可替代损害和不可替代损害分别进行了经济学分析，同时，又对惩罚性损害赔偿金存在的经济合理性给予阐述。

关于可替代损害，笔者首先从经济激励的角度出发，论述了过错责任归责原则和严格责任归责原则下损害赔偿的确定问题。在过错责任归责原则下，当受害人会获得完全充分的损害赔偿时，过错责任归责原则将会达到最优的威慑水平。但是，即使达到最优的威慑水平，却不一定能达到帕累托最优。能否达到帕累托最优取决于初始的权利分配。过错责任归责原则明确赋予侵害人去从事对受害人造成合理范围内危险的权利，同时赋予受害人免受非合理危险侵害的权利。那么，当要求侵害人对其所从事的非合理危险行为对受害人造成的损失负责完全并充分地加以赔偿时，则会达到帕累托最优标准。在严格责任归责原则下，对于可替代物品造成损害的有效损害赔偿规则就是对受害人进行完全充分的赔偿，尤其是受害人应该获得相当于受损物品市场价值的赔偿。这一损害赔偿规则对于严格责任体制下的不法行为将会取得最优的威慑，确保受害人采取风险分散，并且对侵权责任规则和初始权利分配的依赖可以满足帕累托效率的要求，即侵害人的危险行为必须不能使得任何人的境况比侵害人的境况更坏的要求。

其次，笔者对与确定损害赔偿相关的以下几个因素进行了分析：

(1) 损害几率。笔者指出，在确定损害赔偿时，应将损害几率考虑在内。对于侵害人无法合理预见的事故，一般属于发生几率较低的事故，不应将此类事故包含在损害赔偿的责任范围之内。对于发生几率极高的事故，不能因此就增加损害赔偿金，除非当侵害人行为时不计后果，或者在明知道损害会发生的情况继续实施侵害行为，或者故意实施侵害行为时，施加高于实际发生损失的损害赔偿金。

(2) 法院关于损失程度的不确定性。即使法院不能正确地估计事故的损失程度，但是在确定损害赔偿金时如果采用平均损失程度，那么侵害人需要支付的损害赔偿金最终仍然等于预期损失，因此也会促使行为人采取最优的行为水平。当无法确定损失程度且对减少危险的激励不会产生太大影响时，社会期望法院在计算损害赔偿金时将这些不确定损失排除在外。然而，另一种比较好的方法是促使法院采用一些易于使用的公式对不确定损失加以估算。当损害涉及财产损失时，法院一般会将部分不确定损失计算在内，当财产损失涉及预期利润时也是如此，但是计算方法相对比较传统。

(3) 诉讼成本。侵权法律制度除了促使行为人采取最优的注意外，还应当减少诉讼成本，对侵害人采取注意的激励和对受害人提供诉讼的激励都应该考虑在内。在过错责任归责原则下，增加对诉讼成本的补偿以促使侵害人提起诉讼，不仅有利于对最优注意的激励，而且也有利于实现诉讼成本的最小化。但是，在严格责任归责原则下，损害赔偿金是否应包括诉讼成本这一问题比较复杂。应该针对具体案件具体分析，以求达到既实现对侵害人行为施加最优激励的目标，又实现诉讼成本最小化的目标。

（4）受害人防止损失进一步扩大。受害人所采取的用于防止损失进一步扩大的措施应该与意外事故发生之前侵害人可以采取的用于防止事故发生或者损失扩大而采取的预防措施相区分。最优水平的损害赔偿金应为受害人已经为防止损失扩大而采取措施的最优状态下——不管受害人是否实际上已经为防止损失扩大而采取了有关措施——其所遭受的损失程度加上其为防止损失扩大而采取措施所付出的最优成本，这样确定损害赔偿金可以达到促使受害人为防止损失进一步扩大而采取措施的最优状态，对受害人为达到降低损失的最优状态而采取措施产生激励，同时也能达到促使侵害人为防止发生意外事故而尽到最优的合理注意，从而采取最优的预防措施。

关于不可替代损害，笔者首先阐述了不可替代损害的最优赔偿规则问题。主要涉及四个方面的问题：

（1）初始权利对赔偿规则所产生的不同影响：一是在社会赋予侵害人有权从事特定危险行为的情况下，帕累托最优目标是通过在确保侵害人境况不变坏的情况下促使潜在受害人的效用最大化而得以实现的。在这种情况下，无须对受害人的损失进行赔偿，因为，受害人实质上没有丧失任何利益。二是在受害人享有免受任何伤害权利的情况下，帕累托最优是通过在确保受害人的境况不会比侵害人不从事危险行为时的境况更坏的情况下促使侵害人的效用最大化而得以实现的。这就意味着应当完全充分地赔偿受害人，使其恢复到事故发生前的状况。三是在侵害人有权从事合理范围内的危险行为的情况下，受害人可能只享有免受侵害人所造成的非合理范围内损害的权利。根据事前预防的要求，只要受害人所遭受的合理水平范围内的事故成本获得赔偿，那么受害人的境况则不会发生任何变化。但是，赔偿往往是事后获得的，为了使得受害人的境况不会因为侵害人的危险行为发生任何变化，则需要在事故发生后对受害人进行完全充分的赔偿。

（2）生命价值评估。对生命价值进行评估是英美法系国家在确定死亡案件损害赔偿金时所涉及的一个重要问题。生命统计价值来源于人们在市场环境下所作出的有关健康和安全的各种各样的决定。人们在面对那些关乎健康和安全的选择时所作出的决定都暗含着对金钱和风险的抉择问题。如果一个人把降低风险看得比较重要的话，那么他就会选择花费一定成本去避免事故发生。通过对人们此类的抉择进行分析，就可以确定生命统计价值。但是，通过这种方式所确定的生命统计价值不能被看作表示生命真实价值的"正确数额"。因为不同的人有不同的风险偏好和安全估价，且生命统计价值仅是某一类研究机构在对所选定的人群在金钱和风险抉择方面所作出的不同决定进行统计分析的结果。不同年龄段的生命统计价值应该有所不同。法院对生命价值的确定很可能依赖于法院如何看待侵权损害赔偿：法官们是将损害赔偿金看作受害人的一种所得还是看作对之前健康的人的一种补救，即法官们在确定损害赔偿金时，关注的视角是为确保受害人身体健康所需要的赔偿金额，还是受害人为了承受伤害本需获得的赔偿金额。

（3）依事前评估的生命价值确定事后的损害赔偿金额。从社会角度出发，侵害人危险行为的成本最好根据他对所有潜在受害人造成风险的全部成本来测算，即以事前损害赔偿金需求值为基础确定损害赔偿金。这种赔偿金是对受害人能够接受侵害人所施加风险的补偿。事前损害赔偿金需求值一般低于事后损害赔偿金需求值，它是给予身体健康的人以补偿其能够承受一种可能从不会发生的伤害的风险。如果事前给予补偿，人们一般能够接受一个较低金额的赔偿金。但是，采用以事前损害赔偿金需求值为基础确定损害赔偿金的计算方法却无法落到实处，原因在于：一方面，法院无法对种类繁多的危险行为进行事前评估；另一方面，按照波斯纳的观点，许多危险行为的"受害人"依事前方法甚至不会意识到对他们会有危险，并且偶然遇险死亡的某人的遗产继承人也会有特殊的激励去诉讼，所以能收到的也只能是他的事前风险酬金，而这通常只是一笔很小的数额。因此，应该实施一种赔偿金额以事前生命价值为基础的事后赔偿制度就能以低于目前水平的赔偿金实现对受害人的完全赔偿。

（4）受害人支付意愿度和受害人接受意愿度问题。最优赔偿规则的确定，与潜在受害人的支付意愿度和接受意愿度有关。一项损害赔偿金是否能够发挥最优威慑的效能，还需要考察该损害赔偿金是以潜在受害人为避免事故发生而愿意支付一定的成本为基础，还是以潜在受害人愿意接受风险时所应获得的赔偿为基础。笔者在文中指出，受害人支付意愿度适合双方事故和产品责任有关损害赔偿金的计算。受害人接受意愿度（需求值）的计算方法适合以下两种情况：其一，适用严格责任归责原则且双方当事人互不认识的事故，因为严格责任归责原则明确赋予了受害人对其身体健康所享有的权利。其二，在社会福利最大化标准和卡尔多—希克斯标准下，如假设人们对其身体健康享有权利并且风险所产生的收益不低于受害人用于补偿风险所需的赔偿金时，适用过错责任归责原则确定合理注意和损害赔偿金也应以受害人对风险的接受意愿度为基础。

其次，笔者对不可替代损害赔偿规则是否能够同时实现有效威慑和风险分散的目标进行了分析。对于一项损害赔偿规则而言，要想同时发挥最优的威慑和最优的风险分散两项效能是很难的。最优威慑要求侵害人承担其行为的全部社会成本（包含非金钱损失），但是如果要求侵害人完全赔偿受害人的话，却不能对受害人产生从事最优风险分散的激励。在过错责任归责原则下，如果侵害人未尽到合理注意，其应承担相应的侵权责任，那么侵权责任归责原则和赔偿规则在发挥威慑效能和风险分散效能方面是存在矛盾的。在严格责任归责原则下，运用以威慑为基础的损害赔偿金并不必然与受害人最优分散风险的能力相矛盾。为了消除有效威慑和风险分散之间的矛盾，确保二者同时发挥效能，笔者提出了如下解决方案：将侵害人的责任从受害人利益的恢复中分离出来。以事前赔偿金为基础确定侵害人的赔偿责任，并将最终确定的损害赔偿金分成两部分：一是要求侵害人支付一笔金额等于伤害的保险价值的赔偿金以确保受害人利益得以恢复；二是，为了达到最优威慑的效果，向侵害人施加一种罚款，要求其向国家缴纳一笔额外的费用。

关于惩罚性损害赔偿金存在的经济合理性，笔者通过分析给出了以下五个理由：一是通过引导受害人积极追偿而达到对侵害人从事侵权行为的最优威慑；二是校正损失计算错误所致的补偿不足；三是制止侵害人从事获得违法效用的侵权行为；四是鼓励市场交易；五是基于惩罚侵害人的目的。

# 第六章 侵权法律适用的经济学分析

## 第一节 分析模式：私人视角 Vs 国家视角

侵权法律适用的经济学分析有两种模式：一是以私人利益为中心，注重事故成本最小化的私人视角分析模式；二是以国家为中心，注重国家实体政策及规制利益最大化的国家视角分析模式。

### 一、私人视角：实现事故成本最小化

私人视角分析模式的代表人物为温考克和凯伊丝及奥哈拉和里波斯坦。这种分析模式属于一种立足实体私法，强调当事人利益的实用主义经济分析进路，它将有关国内法的学术分析适用至国际私法领域。

以私人利益为视角的分析模式对侵权法律适用的研究，就是把侵权实体法经济学分析的方法运用至侵权法律适用领域。根据前文

对侵权实体法的分析可以看出，从经济学视角分析侵权实体法，是基于实现社会成本最小化和社会福利最大化的目标，重点考察侵权规则（责任规则和赔偿规则）是否可以发挥引导行为人从事最优行为的激励作用。对侵权法律适用规则从私人视角考察，主要是分析一项侵权法律适用规则基于降低事故成本的目标是如何促使行为人调整自己的行为的。

从降低成本的视角对侵权法律适用规则进行分析，首先应将分析的视野扩展至全球社会福利，即全世界所有个体效用的总和，考察一项侵权法律适用规则是否可以促使当事人为了实现全球社会福利的最大化而采取最优的行为。其次，一项侵权法律适用规则的可预见性问题直接关系行为人对注意水平的选择。假设，行为人事先对一项侵权法律适用规则所确定的准据法和准据法的内容有所了解，那么他就会为降低事故的首要事故成本而调整自己的行为，并以较低的成本采取准据法规定的注意水平。即使一项具有可预见性的侵权法律适用规则所确定的准据法属于次优的实体侵权规则，但因具有可预见性就有利于信息成本的降低。具有可预见性的侵权法律适用规则也有利于降低管理成本。

与涉外侵权有关的成本主要属于卡拉布雷西《事故的成本》所论及的首要事故成本，它主要包含了解准据法的成本、遵守准据法的成本以及适用准据法的成本三种成本。就前两项成本而言，如果适用加害行为地法，对于侵害人来讲，一般指向适用其本国法，那么侵害人在了解准据法方面花费的成本就会很低，相反，对于受害人来讲，在了解准据法方面却需花费较高的成本，并且，不同的侵权事件会因加害行为地的不同而导致适用不同国家的法律，为此，受害人就需要了解多国的侵权规则，这样也会增加受害人的成本。如果适用损害发生地法，情况则恰恰相反。

奥哈拉和里波斯坦认为，损害发生地法对于涉外侵权当事人双方而言，更具有可预见性。因为侵害人一般知晓损害发生地，并且能够加以控制，但是受害人却不知道损害会发生在何地。① 因此，考虑到信息成本和控制成本，侵害人属于较低成本避免者。这一观点却不适用于所有情况。

拉尔夫·迈克尔斯（Ralf Michaels）具体分析了加害行为地法和损害发生地法在涉外侵权事故中的不同激励作用。② 假设加害行为地为 A 国，有些损害的发生地为 A 国，有些损害的发生地为 B 国，事故类型为仅受侵害人影响的单方事故。在这种假设条件下，会存在如下四种可能性：

第一，假设 A 国和 B 国侵权法律制度相同，那么对侵害人注意水平的要求相同。此时，侵权法律适用规则无任何分析的意义。

第二，假设 A 国适用严格责任归责原则，B 国适用过错责任归责原则，根据加害行为地法，A 国的严格责任归责原则会促使侵害人将全部事故成本予以内部化，这样侵害人就会采取一种全球最优的注意水平。根据损害发生地法，如果 B 国的过错责任归责原则所确立的合理注意水平高于全球最优的注意水平，因为侵害人增加其注意水平的边际成本低于为避免与 B 国发生的损害相关的全部责任成本而获得的收益加上因发生在 A 国的损害减少而获得的收益之和，那么就会促使侵害人过多地投资于注意水平。如果 B 国所确立的合理注意水平低于全球最优的注意水平，因为一旦侵害人达到了 B 国所确立的合理注意水平，他就会因无须承担侵权责任而使得因发生在 B 国损害的事故成本的减少而获得的边际收益得以内部化，这样

---

① O'Hara Erin, Ribstein Larry E.. From Politics to Efficiency in Choice of Law [J/OL]. U. Chi. L. Rev., 2000(67): 1217. [2009 – 07 – 15]. http://papers.ssrn.com/paper.taf?abstract_id = 199849.

② Michaels Ralf. Two Economists, Three Opinions? Economic Models for Private International Law-Cross-Border Torts as Example [J/OL]. [2009 – 08 – 10]. http://eprints.law.duke.edu/1234/1/Michaels_Two_Economists_-_March_2006.pdf. 2008 – 7 – 9. 16 – 19.

侵害人增加其注意水平的边际成本就会高于降低发生在 A 国的损害的事故成本而获得的边际收益，所以就会促使侵害人对注意水平的投资不足。

第三，假设 A 国适用过错责任归责原则，B 国适用严格责任归责原则。加害行为地法是无效的，因为这一法律适用规则会促使侵害人按照 A 国过错责任归责原则所规定的合理注意水平，与全球最优注意水平相比，A 国的注意水平可能过高或过低。如果 A 国所规定的合理注意水平过低的话，就会促使侵害人对注意的投资不足。如果 A 国所规定的合理注意水平过高时，只有当侵害人的边际收益（为采取注意而降低的成本）高于责任成本时，侵害人才会采取全球最优的注意水平。同理，在这种情况下，损害发生地法也是无效的。

第四，假设 A 国和 B 国均采用过错责任归责原则，但是对合理注意水平的要求不同，如适用加害行为地法，如上述第三种情形一样，侵害人会采取 A 国的合理注意水平，而与全球最优注意水平相比，这一注意水平却可能会过高或过低。如果适用损害发生地法，情况却会更复杂。如果 B 国的合理注意水平高于 A 国的合理注意水平，如果侵害人采取符合 A 国规定的合理注意水平，就会避免承担适用 A 国法律所确定的侵权责任，如果侵害人采取了 B 国规定的合理注意水平，就会避免承担所有的侵权责任。面临这两种选择，如果避免所有责任成本的边际收益高于提高注意水平的边际收益，侵害人就会采取 B 国规定的合理注意水平。因此，只要发生在 B 国的预期损害成本足够高的话，侵害人就会频繁地采取高于全球最优注意水平的注意。

假设 A 国和 B 国均采用过错责任归责原则，两国的合理注意水平均为其国家的最优注意水平，且 A 国的合理注意水平高于 B 国的合理注意水平，全球最优的注意必然处于这两种注意水平之间。贝尔恩德·舍费尔（Hans-Bernd Schäfer）和凯特琳·兰特曼（Katrin

Lantermann）认为在这种情况下损害发生地法要优于加害行为地法。如果适用加害行为地法，侵害人对于与发生在其他国家损害相关的注意投资过多或投资不足，这取决于加害行为地法的严厉程度是否高于损害发生地法。如果适用损害发生地法，侵害人则会采取一种介于加害行为地法所规定的注意水平和损害发生地法所规定的注意水平之间的注意水平 $x$，这样就会更接近于全球最优注意水平。由此看来，加害行为地法不会促使侵害人采取一种上述接近于全球最优注意水平的注意水平 $x$，但是损害发生地法在满足如下两种情况下却可以对侵害人发挥该种激励作用：其一，将注意水平从 B 国标准提高至 $x$ 时花费的边际成本必须低于 A 国事故成本减少所产生的收益。其二，将注意水平 $x$ 提高至 A 国标准（可以避免所有侵权责任的承担）时花费的边际成本必须高于 A 国事故的责任成本。[1]

综上所述，侵权法律适用规则如指向适用一个采用严格责任归责原则的侵权法律制度，将会达到全球最优的注意水平，因为严格责任归责原则对于单方事故而言是有效的。然而，如果指向的是采用过错责任归责原则的侵权法律制度，侵害人是否采取全球最优的注意水平是不确定的。加害行为地法促使侵害人采取过高或过低的注意水平。这取决于加害行为地国的注意水平是否高于全球最优注意水平。损害发生地法则一般会促使侵害人采取过高的注意水平。当一国采用过错责任归责原则且所确立的合理注意水平高于全球最优注意水平的，为避免承担该国侵权法规定的侵权责任而产生的边际收益（如果所涉他国采用的是适用严格责任归责原则时，加上为避免承担该他国规定的侵权责任而产生的边际收益）高于采取该种注意水平时所花费的边际成本，侵害人就会采取过高的注意水平。

---

[1] Lantermann Katrin, Schäfer Hans-Bernd. Jurisdiction and Choice of Law in Economic Perspective[J/OL]. German Working Papers in Law and Economics, 2005. [2009-08-26]. http://ssrn.com/abstract=999613.

## 二、国家视角：实现内国实体政策和规制利益的最大化

以国家为视角分析国际私法的代表人物主要有拉里·克莱默（Larry D. Kramer）、乔尔·P. 特拉赫特曼（Joel P. Trachtman）和利·布里梅耶（Lea Brilmayer）。①

从国家视角来分析侵权法律适用，就是将国家作为行为主体，来考察一项侵权法律适用规则是否可以促使国家通过对本国法律的实施达到本国"利益"的最大化。综观不同学者的主张，关于一国在国际私法领域的"利益"，主要有如下几种观点：

第一，实现管理成本的最小化，基于此，对于涉外侵权行为，应该选择适用规制最有效的那个国家的法律。这种观点主要来自波斯纳的比较规制优势说。

萨里米尼对波斯纳的侵权行为地法规则的比较规制优势论证作出了深入的分析和评论。② 根据波斯纳的观点，任何程序法体制的经济目标都是减少两种类型的成本：一是司法错误的成本；二是司法制度的交易成本。具体到侵权法律适用领域，波斯纳认为，在多州侵权案件之中，每个州都有分配利益，因为每个州都想让其居民获得胜诉得益的优势，同时，每个州也都有配置利益，因为每个州都想让它的居民能够在其他州做生意或者能够在自己本州得到保护。分配利益可以相互抵消，但是，配置利益却不能抵消。这样，如果一个侵权行为地州的侵权规则适应于侵权行为地的状况，那么，该

---

① 相关论著有：Kramer Larry D.. Rethinking Choice of Law[J]. Colum. L. Rev. ,1990(90):277. Trachtman Joel P.. Conflict of Laws and Accuracy in the Allocation of Government Responsibility[J]. Vand. J. Transnat'l L. ,1994(26):975. Brilmayer Lea. Maximizing State Policy Objectives[J]// Brilmayer Lea. Conflict of Laws. 4th ed.. Canada:Little Brown & Company Canada Limited,1995:169 - 218.

② Solimine Michael E.. An Economic and Empirical Analysis of Choice of Law[J]. Georgia Law Review,1989(24):59 - 68.

侵权行为地对于该侵权行为在规制上就具有比较优势,这就为传统地域性质的侵权行为地法提供了经济理由。

因此,根据波斯纳的比较规制优势说,对于一项侵权事件,要考虑哪一国在规制侵权行为上更加具有成本优势或者说更加符合效率要求,侵权法律适用规则的目标应该是确定在规制侵权行为和裁判措施上具有比较优势的法律体系。

第二,实现社会福利的最大化。安德鲁·T. 古兹曼(Andrew T. Guzman)和艾伦·O. 萨克斯(Alan O. Sykes)是这一观点的代表人物。[①] 古兹曼于2002年发表了《冲突法:新基础》,提出了一种冲突法的新方法,将效率引入冲突法领域,以全球福利作为评判冲突法规则的标准,文章探索了追求自我利益的国家间行为与有效率的国际规则的冲突,展示了冲突法对国家激励的影响。萨克斯对传统侵权行为地法法律适用规则从全球经济福利的视角进行了论证,它实际上是把国际经济学尤其是跨国非歧视性原则的经济效应论证运用到国际私法上的侵权法律适用领域。

第三,实现内国法律效力的最大化。在国际民商事交往领域,一国总是希望本国法律的效力能够实现最大化,那些与本国政策相冲突的他国法律的效力最小化,即使本国法律没有效率或不具有经济合理性,但是,本国法律的效率却会对全球效率分析产生影响。

国际私法应该使得一国政府政策实施过程中所产生的所有成本最小化和所有收益最大化,这就意味着应适用对于侵权行为具有最相关规制利益的国家的法律。根据卡尔多—希克斯标准,实现一国

---

① 安德鲁·T. 古兹曼(Andrew T. Guzman)和艾伦·O. 萨克斯(Alan O. Sykes)的相关论著为:Guzman Andrew T.. Choice of Law:New Foundations[J]. Geo. L. J. ,2002 (90):883. Goldsmith Jack L. , Sykes Alan O.. Lex Loci Delictus and Global Economic Welfare:Spinozzi v. Ittsheraton Corp. [J]. Harvard Law Review,2007(120):1137 – 1147. Sykes Alan O.. Transnational Tort Litigation as a Trade and Investment Issue[J]. The Journal of Legal Studies,2008,37(2):339 – 378.

福利的最大化不等于全球福利的最大化,假设一项侵权行为,有利于增加 A 国的社会福利,同时却会削弱 B 国的社会福利,那么,不管该侵权行为在全球意义上是否有效,在同等条件下,A 国就会制定法律对该行为进行激励,而 B 国却会制定法律对该行为进行威慑。因此,在卡尔多—希克斯标准下,如果一国在适用本国法律的情况下会增加其社会福利而在适用其他国家法律的情况下却会使本国福利减少,那么此时,该国就希望本国的法律能够被适用,这样下去就能使得国家之间的交易成本实现最小化。一项侵权法律适用规则如关系到多国政策的利益,则应当确定哪一国在规制上具有最大的利益。

假设在产品责任侵权领域,A 国为了保护本国的生产者而制定了较宽松的责任规则,而 B 国为了保护本国的国民不受伤害而制定了较严格的产品责任规则,甚至施加了惩罚性损害赔偿金。如果不适用 B 国的法律对于涉外侵权法律关系双方不产生任何激励,那么适用加害行为地法不会使 B 国的规制利益受到损害。

奥哈拉和里波斯坦指出,加害行为地法在产生行为规则方面具有规制优势,而损害发生地法和双方共同住所地法最好是用来确定损失分配问题。[①] 因为加害行为地所在国对侵害人采取注意所花费的成本会有更多的了解,而损害发生地所在国却会对预期损害和受害人采取注意所花费的成本有更多的了解,所以如果将二者结合起来将会取得最优的规制,但是这一点在侵权法律适用领域却无法实现。在这种情况下,笔者认为有必要继续思考巴克斯特于 1963 年在其《法律选择和联邦体制》中论述真实冲突案件法律选择的解决方式时,所提出的一个著名但在当时却被普遍忽视的问题,即在跨州民

---

① O'Hara Erin, Ribstein Larry E.. From Politics to Efficiency in Choice of Law [J/OL]. U. Chi. L. Rev. ,2000(67):1217. [2009 – 07 – 15]. http://papers.ssrn.com/paper.taf?abstract_id = 199849.

商事案件中，五十个州如何适用法律才能实现它们各自内部不同实体政策的最大化？带着巴克斯特所提出的这一问题去分析侵权法律适用，我们需要首先确定实体政策的具体经济学内涵，如果将其定义为内国社会福利的最大化，即国内所有个体成本和收益总和的最大化，那么对于一项侵权法律适用规则而言，如果其属于调整个体利益最有效的法律，必然也是调整国家之间实体政策利益最有效的法律。但是，如果将实体政策定义为政府政策，情况可能会复杂很多。古兹曼在论述这一问题时提出，假如加害行为地所在国的政策是允许特定行为的存在并且使其免受责任承担，而损害发生地所在国的政策却是禁止该类行为并对该行为施加赔偿责任，在这种情况下，规制对于损害发生地而言就是阻止该类行为的发生，而对于加害行为地却是促使该类行为的发生。[①] 虽然在一般情况下，一国的实体政策是出于对发生在本国的侵权行为进行规制而制定的，但是笔者却赞同脱离地域主义进行分析的观点，认为考察一国在实体政策实现方面的规制利益时，不能把视角局限在地域主义观点上，不管侵权行为是否发生在本国，只要与本国具有最相关的实体政策规制利益，本国法就应被适用。

## 第二节 侵权行为地法（Lex Loci Delicti）Vs 当事人共同住所地法（Law of Common Domicile of Parties）

国际私法历史是一部属地主义原则和属人主义原则相互斗争的历史，这一点体现在侵权法律适用领域，就出现了侵权行为地法和共同住所地法之争。目前，侵权行为地法仍然是多数国家处理涉外

---

① Guzman Andrew T.. Choice of Law: New Foundations[J]. Geo. L. J.,2002(90):916.

侵权法律冲突的主要规则。但是，当侵害人和受害人具有共同住所地时，是否应该适用共同住所地法？关于这一问题，主要有如下三种处理方式：

第一，适用侵权行为地法。大多数欧洲国家、加拿大和澳大利亚都采用这一规则。侵权行为适用行为地法，可以说是"场所支配行为"这一古老原则的具体化，但学者对它的解释却各不相同，有的认为是因为侵权行为之债的产生是侵权行为这一法律事实引起的，只有侵权行为地与侵权行为有某种自然的联系。有的认为是因为这种债的发生是基于法律的权威，而非债务人的意思。对行为人施加责任，是为维护人们的权利平衡，而恰好是行为地的侵权打破了这种平衡。再者，适用行为地法也是当地公共秩序的要求，并且易于查明事实和确定法律责任。有的认为适用行为地法是为保护行为地国的主权和公共利益，不适用侵权行为地法就是对行为地国主权的侵犯。有的认为侵权行为地法是给当事人一种与损害赔偿请求权类似的既得权，原告不管在何处起诉，都携带该法所授予的权利，诉讼法院只不过是被请求支持或协助取得这一权利。[1]

第二，选择适用侵权行为地法和当事人共同住所地法。例如，波兰国际私法及德国法律适用条例的规定。

第三，对于侵权实体法规则，区分损失分配规则和行为调整规则，如果属于损失分配规则，法院就会适用当事人共同住所地法；如果属于行为调整规则，就会适用侵权行为地法。实际上，在这种规则之间作出区分客观上存在困难，因为所有的规则都包含两方面的因素：一方面，每一项侵权规则因为将事故的成本予以分配所以具有损失分配的作用；另一方面，每一项侵权规则因为改变了对当事人的激励并因此轻微地调整其行为，从而具有行为调整的作用。

---

[1] 韩德培. 国际私法 [M]. 北京：高等教育出版社，2000：205.

所以，对一项特定的侵权规则进行区分，不能依据其产生的客观影响，而应依据其主要的目的和功能。那些旨在事后对事故成本进行分配的规则属于损失分配规则，而那些旨在调整当事人行为的规则则属于行为调整规则。对侵权规则做上述区分体现了不同的政府利益，体现在行为调整方面的利益为属地性的，而体现在损失分配方面的利益却是属人性的。①

## 一、适用侵权行为地法的经济合理性

### （一）侵权行为地法有利于减少事故的首要事故成本和信息成本

一般来讲，侵害人和受害人在事故发生之前对侵权行为地法是比较熟知的，这样的话，适用侵权行为地法要比适用其他法律更有利于减少首要事故成本。但是却有如下两个例外：其一，当侵害人和受害人在事故发生之前具有一定的法律关系时，应该适用调整该法律关系所应适用的法律。其二，当侵权源自双方所缔结的合同时，应该采用当事人意思自治原则，适用双方在合同中所选定的法律。

侵权行为地法明显可以在事前予以确定，这样侵权法律关系的当事人就能预见所要适用的法律，所以，对他们来讲，仅需了解该法律的内容即可，由此可以节省信息成本。此外，他们也会被侵权行为地法引导着施加最优的安全预防水平。

### （二）侵权行为地对于侵权行为具有比较规制优势和最大的经济利益

波斯纳指出，适用侵权行为地法可以实现以最低的成本来确定合理标准的适当规则，"侵权行为地法最适合影响安全的那个州的情

---

① Symeonides Symeon. Territoriality and Personality in Tort Conflicts [M]// Thalla Einhorn, Kurt Siehr. Intercontinental Cooperation Through Private International Law-Essays in Memory of Peter Nygh. Hague: T. M. C. Asser Press, 2004:405.

势,这些影响因素包含气候、地形及人们对安全的态度"。① 侵权行为地在调整侵权行为方面具有最大的经济利益。因为侵权行为影响侵权行为发生地的经济状况,它使得侵权行为发生地的资产和人们都面临着风险。

## 二、适用当事人共同住所地法的经济理由

### (一) 适用当事人共同住所地法有利于降低第三位成本

适用当事人共同住所地法有利于降低第三位的管理成本,因为侵害人和受害人对于他们共同住所地法最为了解,并且法院无须承担确定和适用外国法的成本。得出这一结论是建立在假设当事人共同住所地法对双方当事人的行为不产生任何影响的前提之上,但是这一假设并不必然成立。如果侵害人预期侵权行为地法之外的法律会被适用,那么他就会脱离侵权行为地法所确立的合理注意水平。如果侵害人在当事人共同住所地法下的预期责任大于增加注意水平引起的边际成本和因侵权行为地法所规定的侵权责任水平的降低而得到收益之差的话,那么他就会采取更高水平的注意。如果因降低注意水平而得到的预期收益大于侵权行为地法所规定的侵权责任且当事人共同住所地法所规定的侵权责任为零时,侵害人就会采取更低水平的注意。

### (二) 当事人共同住所地具有规制优势和特别实体政策利益

如侵害人和受害人具有共同住所地,一方面,该共同住所地对于侵害人和受害人各自的需求会更为了解,因此就可以更好地确定侵害人和受害人之间的损失分配,所以说具有规制优势;另一方面,当事人共同住所地会针对本国居民之间的损失分配制定特别的政策,也就是说,当事人共同住所地对于其本国居民之间发生的具有涉外因素的侵权行为具有特别的实体政策利益。

---

① Kaczmarek v. Allied Chemical Corp. ,936 F. 2d 1055,1058(7th Cir. 1988).

## 第三节 当事人意思自治（Party Autonomy）

私法自治的观念本来是流行于民事主体的平等交易领域，但有些国家立法也将其引入侵权法领域，如《瑞士联邦国际私法法规》第 132 条规定："当事人可以在侵害事件发生后任何时候约定法院地法。"1995 年意大利国际私法规定，侵权责任应由损害结果发生地国法律支配，但受害人可以要求适用导致损害发生的行为发生地国法律，也贯彻了这一思想。①

是否允许当事人通过意思自治来选择涉外侵权的准据法在理论界存在很大争议。支持者认为，当事人意思自治可以提高规则的可预见性，并且可以使诉讼较易进行。反对者则指出，因为侵害人和受害人事前互相并不确知，所以如果采用当事人意思自治，会额外增加当事人的义务，并且一国所制定的侵权法含有更多的规制目的。②

当侵害人和受害人在事故发生之前不存在任何法律关系时，是不可能通过事前协议的方式确定涉外侵权的准据法的，但是可以在事后通过协商一致选择所要适用的法律。如果侵害人和受害人在事故发生之前存在某种法律关系时，也可以通过协商一致选择所要适用的法律。此外，在涉外产品责任侵权领域，产品生产者事前选定了产品责任所要适用的法律，如果消费者购买该产品，就意味着其同意适用生产者事前选定的法律。所以笔者在下文试图从国际私法

---

① 韩德培. 国际私法 [M]. 北京：高等教育出版社，2000：207.
② Michaels Ralf. Private or International? Two Economic Models for Private International Law of Torts [J/OL]. Duke Law School Legal Studies Research Paper Series Research Paper No. 73, 2005. [2009 – 08 – 18]. http://ssrn.com/abstract = 788804.

两个视角的经济分析模式出发，区分事前选择和事后选择两种方式，具体分析侵权法律适用领域引入当事人意思自治的经济合理性。

## 一、私人视角下事前选择方式和事后选择方式的对比分析

温考克和凯伊丝在其《冲突法中的政策和实用主义》一书中给出了通过合同解决侵权法律选择问题是有效解决侵权法律冲突的三个理由：其一，合同选择增加了当事人可以缔结合同的数量。即使是在侵权法规则可以完全约定的情形下，学习和网络的外部性也会排除当事人多样缺省安排。如果侵权规则在国内法上是强制性的，那么，当事人只有通过选择外国法才能约定自己偏好的条件。其二，合同选择法律如果被实施，将会减少对原告选择那些具有最大化损害赔偿侵权规则的法院的激励。其三，合同选择法律减少了侵权法律选择规则，即侵权行为地法的不确定性，因为当事人在缔结合同时就可以预知准据法。[①] 这是从私人视角出发对侵权法律适用领域采用当事人意思自治原则的肯定。

### （一）对事故成本的影响

第一，在对首要事故成本的影响方面，事前选择方式通过对当事人行为产生激励而促使首要事故成本得以降低。当事人一旦在事前以协议方式选定了准据法，那么就确定了双方所应采取的注意水平及相应的损害赔偿标准，这样就会对双方当事人的行为产生激励，引导双方当事人采取最优的注意，并从事最优的行为水平，以达到首要事故成本的降低。然而，事后选择方式却不会对避免事故发生的行为激励产生影响，所以不会降低首要事故成本。

第二，在对次要事故成本的影响方面，当事人采取事前通过协

---

① Whincop Michael J., Keyes Mary. Policy and Pragmatism in the Conflict of Laws[M]. Aldershot: Ashgate/Dartmouth Publishing, 2001: 78.

商一致选择准据法的方式，降低了侵权准据法的不确定性，从而也使侵害人和受害人各自所应从事的最优行为的标准得以明确，因此风险厌恶者就会避免对预防投资过多，从而有利于降低次要事故成本。事后以协议方式选择侵权准据法也不会对次要事故成本产生影响，因为在事故发生之后，对风险作出一些厌恶处理已经没有任何意义了。

第三，只要采用当事人意思自治原则确定侵权准据法，不论是采取事前选择方式，还是采取事后选择方式，都有利于降低第三位的事故成本，即效率上的成本。因为一旦采取协商一致的方式选择侵权准据法，就会降低侵权准据法不确定所带来的成本，并且可以减少法院在确定和适用外国法方面需要花费的成本。

（二）当事人意思自治原则的效率评价

在侵权法律适用领域，当事人意思自治原则无法像合同法律适用领域那样占有重要地位，因为一国在侵权领域具有更多的实体政策利益，一国内的侵权规则大多属于强制性的规定，因此，笔者认为，假设在当事人未做选择的情况下，根据侵权法律适用规则所确定的准据法有效率的话，就不应当允许当事人花费成本去协商选择侵权准据法。只有在根据侵权法律适用规则所确定的准据法无法满足效率标准的情况下，当事人才可以通过协商一致选择一个可以使双方均能收益的法律。同时，为了确保当事人所选择的准据法是有效率的，还应满足如下两个标准：其一，该被选择的法律不能对第三方产生负的外部性；其二，要避免对双方当事人造成福利损失。

以效率标准对当事人协议选择侵权准据法的做法进行评价时，要将当事人选择法律的情况下对第三方造成的负的外部性及对双方当事人造成的福利损失，与当事人不进行法律选择的情况下因适用没有效率的内国强制性侵权规则所产生的成本进行比较。只有当后者高于前者时，当事人协议选择侵权准据法才是有效率的。

## 二、国家视角下事前选择方式和事后选择方式的对比分析

### (一) 规制利益 Vs 国际竞争

从国家视角分析，因为侵权法律适用规则体现了所涉各国在规制侵权行为方面的实体政策利益，所以一般不支持采用当事人意思自治原则，具体理由如下：

首先，如果允许当事人采取协商一致的方式选择侵权准据法，那么本国内有效率的强制性侵权规则就会被破坏。一般来讲，协议选择法律存在如下三个方面的缺陷：其一，会对第三方产生负的外部性。其二，当事人双方之间可能因信息不对称而造成利益不均衡。其三，如果当事人之间缔约能力不平等，不仅会影响当事人之间利益的均衡，而且也会损害当事人所在国的规制利益。

其次，如果一国追求的目标不是财富最大化，而是规制利益最大化，那么本国的规制利益就会因当事人协议选择他国法律而受到削弱。一国在制定侵权实体规则和法律适用规则时都倾向于确保本国对侵权行为的规制利益实现最大化，一旦当事人通过协议所选择的法律指向外国法的适用，则本国侵权实体规则对该项侵权行为的规制就会落空，因此就无法确保本国规制利益的实现，更谈不上规制利益最大化了。

但是，这并不意味着当事人意思自治原则没有适用的可能。首先，当一国在某项侵权行为上不具有利害攸关的规制利益时，或者当事人所选择的准据法与本国具有相同的侵权规则时，允许当事人以协议方式选择侵权准据法不会削弱一国的规制利益。其次，一国可能出于提高本国国民在国际市场上的竞争力而允许当事人采取意思自治原则。最后，当事人意思自治原则体现为对当事人利益的关注，而对当事人利益的关注体现了讲求本国利益最大化的各国之间的一种合作性的让步。作为一个多国性的政策，对当事人利益的关

注允许对外国的一些政策加以考虑，并鼓励达到一种更有利的竞争，即为实现社会福利最大化而展开的竞争。①

当事人决定选择何国法律为侵权准据法，是基于实现本人效用最大化的目的。如果一国的利益仅为实现社会福利最大化，那么从这个角度考察，当事人意思自治就是有效率的。因为，如果当事人选择有利于实现个人效用最大化的法律时，就会间接地提高本国的社会福利，这样就可以实现国家之间的帕累托最优。但是，如果侵权行为会给第三方造成负的外部性时，就不利于实现社会福利最大化。如果一国追求的是社会福利最大化之外的利益，当事人选择了使其个人效用最大化的法律作为准据法时，并不必然导致其本国的效用也会实现最大化。假如，A国的侵权责任规则较为严厉，B国的侵权责任规则较为宽松，某项行为根据A国的法律会被确定为侵权行为，而根据B国的法律则不属于侵权行为，在这种情况下，如果A国的国民在从事该项根据本国法律会被定为侵权的行为之前，与另一方当事人协议选择适用B国法律，那么A国的社会福利会因此增加，但其规制利益却因本国法律不能被适用而受到损害，并且这种损害极有可能大于所增加的社会福利。

（二）事前选择方式和事后选择方式对本国规制利益的具体影响

事前选择侵权准据法可能会削弱一国在规制侵权行为方面的利益，因为如果当事人选择适用他国法律，本国法律不能被适用，而他国法律如与本国规制利益背道而驰，那么本国在规制该项侵权行为方面的利益就会无法实现。但是，如果根据当事人选择适用他国法律为他国带来的收益超过为本国带来的成本，该种事前选择就符合卡尔多—希克斯标准。并且，当发生其他侵权案件时，当事人还

---

① Whincop Michael J. ,Keyes Mary. Policy and Pragmatism in the Conflict of Laws[M]. Aldershot:Ashgate/Dartmouth Publishing,2001:5.

可能会选择本国法律，这样就能补偿当事人选择他国法律给本国带来的成本，最终可以达到帕累托最优。

如果侵权规则属于行为调整规则，事后选择准据法的方式不会影响一国的规制利益，一国不会因当事人事后选择该国的行为调整规则而受益，也不会因当事人事后不选择该国的行为调整规则而受损。因为，侵权规则的规制利益体现在事故发生之前对当事人的激励和引导上，等到事故发生之后，侵害人和受害人的利益已经处于对抗局面，即使允许当事人采取协商一致的方式选择侵权准据法，也不会对一国在规制侵权行为方面的利益产生实质性影响。

## 第四节 小结

笔者在本章中基于国际私法经济学分析的两个视角，即私人视角和国家视角对侵权法律适用问题进行了经济学分析。

首先，笔者对侵权法律适用的经济学原理进行了阐述。在笔者看来，从私人视角分析，应选择适用有利于实现事故成本最小化的那个国家的法律作为侵权准据法，以此为指引，笔者对加害行为地法和损害发生地法进行了对比分析，通过分析，得出如下结论：侵权法律适用规则如指向适用一个采用严格责任归责原则的侵权法律制度，将会达到全球最优的注意水平，因为严格责任归责原则对于单方事故而言是有效的。然而，如果指向的是采用过错责任归责原则的侵权法律制度，侵害人是否采取全球最优的注意水平是不确定的。加害行为地法促使侵害人采取过高或过低的注意水平，这取决于加害行为地国的注意水平是否高于全球最优注意水平。损害发生地法则一般会促使侵害人采取过高的注意水平。当一国采用过错责任归责原则且所确立的合理注意水平高于全球最优注意水平，为避免承担该国侵权法规定的侵权责任而产生的边际收益（如果所涉他国适用严格责任归责原则时，加上为避免承担该他国规定的侵权责任而产生的边际收益）高于采取该种注意水平所花费的边际成本时，侵害人就会采取过高的注意水平。

从国家视角分析侵权法律适用，就是将国家作为行为主体，考察一项侵权法律适用规则是否可以促使国家通过对本国法律的实施达到本国实体政策和规制利益的最大化。国际私法应该使一国政府政策实施过程中产生的所有成本最小化和所有收益最大化，这就意味着应适用对于侵权行为具有最相关规制利益的国家的法律。一般情况下，一国实体政策是出于对发生在本国的侵权行为进行规制这一目的而制定的，但是，笔者却赞同脱离地域主义进行分析的观点，认为考察一国在实体政策实现方面的规制利益，不能把视角局限在地域主义观点上，不管侵权行为是否发生在本国，只要与本国具有最相关的实体政策规制利益，本国法就应被适用。

其次，笔者对侵权法律适用领域争论的热点问题，即是适用侵权行为地法还是适用当事人共同住所地法这一问题从经济学视角给予了分析和解释。笔者仍然坚持私人视角和国家视角这两个分析模式，分别论述了适用侵权行为地法和适用当事人共同住所地法的经济理由。其中，侵权行为地法有利于减少事故的首要事故成本和信息成本，并且侵权行为地对于侵权行为具有比较规制优势和最大的经济利益。而适用当事人共同住所地法却有利于降低第三位成本。此外，如果侵害人和受害人具有共同住所地的，一方面，该共同住所地对于侵害人和受害人各自的需求会更为了解，因此就可以更好地确定侵害人和受害人之间的损失分配，所以说具有规制优势。另一方面，当事人共同住所地会针对本国居民之间的损失分配制定特别政策，也就是说，当事人共同住所地对于其本国居民之间发生的具有涉外因素的侵权行为具有特别的实体政策利益。

最后，笔者从国际私法两个视角的经济分析模式出发，区分事前选择和事后选择两种方式，具体分析了侵权法律适用领域引入当事人意思自治的经济合理性。

从私人视角分析，笔者论述了如下两个方面的问题：其一，当事人意思自治原则对事故成本的影响。事前选择方式可以实现首要事故成本、次要事故成本和第三位事故成本的降低，但事后选择方式却只有利于第三位事故成本的降低，对于首要事故成本和次要事故成本的降低没有影响。其二，当事人意思自治原则的效率评价。笔者认为，假设在当事人未做选择的情况下，根据侵权法律适用规则所确定的准据法有效率的话，就不应当允许当事人花费成本去协商选择侵权准据法。只有当根据侵权法律适用规则所确定的准据法无法满足效率标准时，当事人才可以通过协商一致选择一个可以使双方均能受益的法律。同时，为确保当事人选择的准据法有效率，还应满足以下两个标准：其一，该被选择的法律不能对第三方产生负的外部性。其二，要避免对双方当事人造成福利损失。以效率标准对当事人协议选择侵权准据法的做法进行评价，要将当事人选择法律的情况下对第三方造成的负的外部性及对双方当事人造成的福利损失，与当事人不进行法律选择的情况下因适用没有效率的内国强制性侵权规则所产生的成本进行比较。只有当后者高于前者时，当事人协议选择侵权准据法才是有效率的。

从国家视角分析，因为侵权法律适用规则体现了所涉各国在规制侵权行为方面的实体政策利益，所以一般不支持采用当事人意思自治原则，具体理由有二：其一，如果允许当事人采取协商一致的方式选择侵权准据法，那么本国内有效率的强制性侵权规则就会被破坏。一般来讲，协议选择法律存在如下三个方面的缺陷：一是会对第三方产生负的外部性；二是当事人双方之间可能因信息不对称造成利益不均衡；三是若当事人之间缔约能力不平等，不仅会影响当事人之间利益的均衡，而且也会损害当事人所在国的规制利益。其二，如果一国追求的目标不是财富最大化，而是规制利益最大化，那么本国的规制利益就会因当事人协议选择他国法律而受到削弱。但是，这并不意味着当事人意思自治原则没有适用的可能。首先，当一国在某项侵权行为上不具有利害攸关的规制利益时，或者当事人所选择的准据法与本国具有相同的侵权规则时，允许当事人以协议方式选择侵权准据法不会削弱一国的规制利益。其次，一国可能出于提高本国国民在国际市场上的竞争力而允许当事人采取意思自治原则。最后，当事人意思自治原则体现为对当事人利益的关注，而对当事人利益的关注体现了讲求本国利益最大化的各国之间的一种合作性的让步。作为一个多国性的政策，对当事人利益的关注允许对外国的一些政策加以考虑，并鼓励达到一种更有利的竞争，即为实现社会福利最大化而展开的竞争。

关于事前选择方式和事后选择方式是否影响一国的规制利益，笔者指出，对于事前选择方式，它可能会削弱一国在规制侵权行为方面的利益，但是，如果根据当事人选择适用他国法律为他国带来的收益超过为本国带来的成本，该种事前选择就符合卡尔多—希克斯标准。并且，当发生其他侵权案件时，当事人还可能会选择本国法律，这样就能补偿当事人选择他国法律给本国带来的成本，最终可以达到帕累托最优。对于事后选择方式，如果侵权规则属于行为调整规则，事后选择准据法的方式不会影响一国的规制利益。

# 第七章　对我国侵权法律制度的评析和建议

对侵权法进行经济学分析的目的,是希望能够以法经济学分析视角对我国侵权法律制度进行评析并提出完善建议。笔者在前文对侵权法进行经济学分析的基础上,分别对《侵权责任法》规定的侵权实体法规则和《涉外民事关系法律适用法》规定的侵权法律适用规则进行经济学阐释,进而分析其中存在的立法不足,由此提出完善建议。

## 第一节　我国侵权实体法规则之经济学评析

侵权法的经济本质是通过责任的运用,将那些高交易成本造成的外部性内部化。[①] 侵权法应通过相关制度设计创设一套能够为潜在

---

① 罗伯特·考特,托马斯·尤伦. 法和经济学(第5版)[M]. 史晋川,董学兵,等,译. 上海: 格致出版社、上海三联书店、上海人民出版社,2010: 301.

的侵害人和受害人提供充分激励，促使潜在侵害人和受害人采取最优预防水平和行为水平，从而避免事故发生的预防激励机制，这正是侵权法在经济学意义上的预防功能所在。我国《侵权责任法》第1条明确将预防侵权行为作为立法目的之一，这就意味着侵权法的预防功能在我国立法中得到明确承认，从而使得我国成为大陆法系国家中首个在立法中明确规定了侵权法预防功能的国家。[①]

《侵权责任法》第15条规定了八种侵权责任承担的具体方式。按照功能划分，这八种责任方式可以分为两类：第一类是预防性侵权责任，包括停止侵害、排除妨碍和消除危险，目的是排除正在进行或者即将发生的侵害；第二类是补偿性侵权责任，包括返还财产、恢复原状、赔偿损失、赔礼道歉以及消除影响和恢复名誉，这一类责任针对的是已经造成的损害，目的在于使其恢复至侵害发生之前的状态。下面按照侵权责任类型的不同区分，对侵权法在经济学上的预防威慑效能进行分析。

## 一、预防性侵权责任的立法评析和完善建议

### （一）预防性侵权责任的立法体现

《侵权责任法》第15条规定的停止侵害、排除妨碍、消除危险等责任方式，属于预防性侵权责任方式。所谓预防性侵权责任，是指要求潜在侵害人承担一定的责任以防止潜在受害人的合法权利遭受侵害或损害的继续扩大。适用预防性侵权责任的时间条件是在侵害尚未发生或侵害已经发生但尚未结束之时。预防性民事责任最早可追溯至罗马法上的"谨防未生损害之诉（Cautio Damni Infecti）"制度，该制度允许潜在的受害人针对尚未现实化的损害采取预防措

---

① 龚赛红，王青龙. 论侵权法的预防功能 [J]. 求是学刊，2013 (1)：103.

施。① "它是一种在土地相邻关系中关于损害与赔偿的独特规则，且独立于过错，其根本目的在于试图在相邻关系法中建立一个独立于过错的责任体系。"② 此外，罗马法上还存在所有权之排除侵害诉（Actio Negatoria）③，即所有人在他人侵害其所有权时排除行为人的妨害之诉。

《侵权责任法》第21条规定："侵权行为危及他人人身、财产安全的，被侵权人可以请求侵权人承担停止侵害、排除妨碍、消除危险等侵权责任。"该条进一步规定了预防性侵权责任的适用条件。停止侵害的功能主要在于及时制止侵权行为，防止损害的扩大④，主要适用于正在进行或者继续进行的侵害行为，对于尚未实施以及已经实施完毕的侵害行为不能适用。排除妨碍是指要求潜在侵害人排除妨碍权利人正常行使权利的障碍，既可以适用于尚未发生的侵害，也可以适用于正在发生但尚未结束的侵害行为。消除危险以发生损害的危险为前提条件，即确有可能造成损害，但是损害尚未实际发生。

《侵权责任法》第36条第2款、第3款规定了网络服务提供者的预防性侵权责任，第45条和第46条规定了缺陷产品的预防性侵权责任，分别属于第21条预防性侵权责任在网络服务领域和产品责任领域的具体体现，同样具有事前救济和预防损害的功能。其中，第36条第2款规定："网络用户利用网络服务实施侵权行为的，被侵权人有权通知网络服务提供者采取删除、屏蔽、断开链接等必要措施。"第45条规定："因产品缺陷危及他人人身、财产安全的，被

---

① H. Stoll, Consequences of Liability?: Remedies [M]//International Encyclopedia of Comparative Law, Volume XI, Chapter 8, Martinus Nijhoff Publishers, 1983.
② 汪洋. 论罗马法上的"潜在损害保证" [J] //费安玲. 学说汇纂（第3卷）. 北京：知识产权出版社，2011.
③ 周枏. 罗马法原论 [M]. 北京：商务印书馆，2002：383.
④ 王利明. 民法（第4版）[M]. 北京：中国人民大学出版社，2008：690-700.

侵权人有权请求生产者、销售者承担排除妨碍、消除危险等侵权责任。"第 46 条规定："产品投入流通后发现存在缺陷的，生产者、销售者应当及时采取警示、召回等补救措施。"第 45 条和第 46 条相互衔接，共同发挥着产品责任的预防功能，一方面，产品投入流通后发现存在缺陷的，生产者、销售者应及时采取第 46 条规定的警示、召回等补救措施；另一方面，当生产者、销售者不履行第 46 条规定的义务时，尽管侵害尚未发生，潜在的受害人仍可以依据第 45 条的规定请求生产者、销售者承担"排除妨碍、消除危险等侵权责任"。

（二）预防性侵权责任的经济学评析

在法经济学领域，卡拉布雷西（Guido Calabresi）和梅拉米德（Douglas Melamed）就权利保护问题提出了财产规则、责任规则的区分。[①] 当一种权益被财产规则保护时，除非权利人自愿转让，否则不得强制转让。他人要想获得该项权益，必须获得权利人的许可，以买方的身份向权利人（卖方）支付双方商定的价格，才能获得该项权益。而当一种权益被责任规则保护时，他人可以不经权利人的同意而对该项权益进行使用（侵害），但必须向权利人支付法院规定的价款（损害赔偿金）。在侵权责任承担方式问题上，财产规则表现为当事人可以请求法院判令侵权行为人为或者不为一定的行为，以达到保护合法权益的目的，其对权利的保护具有财产权的属性。与财产规则相比，责任规则要求有损害的发生，才有救济的必要。因停止侵害、排除妨碍和消除危险均需要行为人为或不为一定的行为，所以属于具有财产规则性质的责任承担方式。

在适用财产规则权利救济方式时，侵害人和受害人能否达成协议取决于受害人，基于受害人在交易过程中处于谈判优势并且能否

---

① Guido Calabresi, Douglas Melamed. Property Rules, Liability Rules, and Inalienability: One View of the Cathedral[J]. Harvard Law Review, 1972(85):1089.

达成协议具有不确定性，潜在侵害人为了避免损害发生就会采取有效的注意水平和行为水平，由此可以认定，预防性侵权责任对预防损害而言可以产生有效的威慑。而在适用责任规则的权利救济方式时，因为损害赔偿金有赖于法院的评估，那么该项权利救济方式能否发挥有效的威慑，取决于法院能否准确评估损害以及评估成本。假如法院对损害的评估比较准确，那么就会威慑潜在侵害人采取有效的注意水平和行为水平，如果法院对损害予以低估，那么潜在侵害人对预防损害的注意水平和行为水平就会偏低，此时无法达到有效的威慑效果。

（三）预防性侵权责任的立法不足

预防性侵权责任的预防功能自不待言，然而，《侵权责任法》关于预防性侵权责任的规定因为存在一些立法不足，致使其在适用方面存在一定的不确定性，而使得预防功能的发挥受到一定程度的限制。

1. 预防性侵权责任的归责事由不全

从《侵权责任法》第21条的规定来看，三种预防性侵权责任方式的适用范围仅限于"危及"情形，未能包含已经发生损害但可以防止损害扩大的情形，对于已经发生且正在实施的损害，无法适用第21条的规定。

2. 预防性侵权责任的归责原则不明

归责原则是规范法律责任的立法政策，责任方式与归责原则密不可分，法院判决当事人承担民事责任，需要明确适用哪种责任方式和归责原则。[①] 界定预防性侵权责任方式的适用，需要确定其归责原则，但《侵权责任法》却未直接规定停止侵害、排除妨碍、消除

---

① 魏振瀛. 侵权责任方式与归责事由、归责原则的关系 [J]. 中国法学，2011 (2): 32.

危险三种预防性侵权责任方式的归责原则。

3. 预防性侵权责任的构成要件模糊

侵权责任的构成要件与归责原则紧密相连，归责原则决定构成要件，构成要件因归责原则的不同而不同。因《侵权责任法》对预防性侵权责任的归责原则没有界定，相应地，在构成要件的规定方面也存在模糊性。

（四）预防性侵权责任的完善建议

1. 扩大预防性侵权责任的适用至发生中的侵害

针对《侵权责任法》第21条所规定的"危及"未能包含已经发生且正在实施的损害的情形，建议通过司法解释的形式明确将《侵权责任法》第21条规定的归责事由扩大至已经发生且正在实施的侵害。

2. 确立严格责任为预防性侵权责任的归责原则

笔者在本书第四章对归责原则进行经济学分析时，将事故按照发生几率和严重性是受当事人一方还是双方影响区分为单方事故和双方事故，并通过分析得出：在单方事故中，严格责任归责原则是可以发挥有效预防激励的责任标准，而在双方事故中，过错责任归责原则却是可以发挥有效预防激励的责任标准。基于此，认为确定侵权责任方式的归责原则，单方事故应适用严格责任归责原则，双方事故应适用过错责任归责原则。停止侵害、排除妨碍和消除危险适用于侵害人单方预防的事故，因此，应确立严格责任为预防性侵权责任的归责原则。

3. 明晰预防性侵权责任的"三要素"构成要件

归责原则决定侵权责任的构成要件，鉴于笔者认为预防性侵权责任应适用严格责任归责原则，所以其构成要件应采"三要素说"，即"结果要件"、"行为要件"和"因果关系要件"，与传统损害赔偿责任不同，"结果要件"不是"损害"，而是"侵害或侵害危险"，

"行为要件"是指造成"侵害或侵害危险"的"行为",并不以违法为必要。"因果关系要件"是指"行为"与"侵害或侵害危险"之间存在因果关系。

### 二、补偿性侵权责任的立法评析和完善建议

#### (一) 不同归责原则的立法评析及完善建议

1. 不同归责原则的立法体现

《侵权责任法》确立了以过错责任为基本归责原则,以严格责任为例外归责原则的二元归责体系,其中,过错推定责任本质上仍以侵害人过错为归责根据,因此仍属于过错责任范畴。过错责任作为基本归责原则普遍适用于各种侵权行为。根据《侵权责任法》第6条第2款和第7条的规定,过错推定责任与严格责任的适用,取决于法律的特别规定。因此,凡是法律没有规定适用过错推定责任和严格责任的情况,原则上都应当适用过错责任。关于过错责任,除《侵权责任法》第6条和第7条的原则性规定之外,《侵权责任法》第36条规定的网络侵权责任、第37条规定的违反安全保障义务责任以及第54条规定的医疗损害责任,都是关于过错责任的特别规定。

《侵权责任法》关于过错推定责任的规定体现为:第38条规定的教育机构责任,第58条规定的医疗机构责任,第75条规定的高度危险物所有人、管理人责任,第81条规定的动物园责任,第85条、第88条和第90条规定的物件损害责任以及第91条规定的施工人责任。严格责任则体现为:第32条规定的监护人责任,第34条规定的用人单位责任,第35条规定的接受劳务一方责任,第41—43条规定的产品责任,第48条规定的机动车一方责任,第55条规定的医务人员责任,第59条规定的医疗机构、生产者和血液提供机构责任,第65—68条规定的环境污染责任,第69—77条规定的高度

危险责任，第78—80条和第82条规定的动物饲养人、管理人责任，第86条规定的建设单位、施工单位责任以及第89条规定的行为人责任。

2. 二元归责体系的经济学评析

根据前文对归责原则的经济学分析，可以得出如下两个结论：其一，无论单方事故还是双方事故，过错责任归责原则均可以发挥引导侵害人和受害人采取有效预防的激励，所以，过错责任归责原则理应成为侵权法的基本归责原则。但是，在适用过错责任归责原则时，假如侵害人和受害人各自的预防成本均低于预期事故损失，则应适用比较过错抗辩；其二，对于仅由侵害人能够采取预防措施予以避免的单方事故，严格责任归责原则可以发挥有效的预防激励，所以，具有侵害人单方预防性的事故应适用严格责任归责原则。但是，当存在双边预防的可能性时则应适用比较过错抗辩。上述结论对于分析我国《侵权责任法》的归责体系具有重要意义。

首先，就过错责任而言，当行为人因过错侵害他人民事权益时，行为人需要承担侵权责任，这是因为当行为人采取预防的成本低于事故的预期损失时，行为人有义务采取预防措施，如果行为人没有采取预防措施而导致事故发生，那么就可以认定行为人存在过错，需要承担由此造成的事故损失。在过错责任归责原则下，侵害人既不会采取低于合理水平的预防，也不会采取高于合理水平的预防，这是因为，一旦其采取的预防低于合理水平，就会被认定存在过错而需承担相应的侵权责任，并且正是因为采取合理水平的预防即可达到免除责任的目标，那么采取的预防一旦高于合理水平，反而会增加侵害人的成本。假设侵害人采取了合理预防，受害人就需自担损失，受害人也必然被引导着采取合理的预防。综上，过错责任归责原则对侵害人和受害人均能发挥有效的预防激励，因此，《侵权责任法》将过错责任归责原则确立为基本归责原则符合经济学原理。

在侵害人和受害人均能采取预防的情况下，损失应当由能以最低成本采取预防以避免事故发生的一方承担。所以对于适用过错责任归责原则的双方事故而言，当侵害人和受害人各自的预防成本均低于预期事故损失时，还需要将侵害人和受害人存在过错的程度进行对比分析，当侵害人的过错大于受害人过错时，说明侵害人本来能够以较低的预防成本避免事故的发生，即侵害人属于较低成本避免者，那么此时应由他承担损失。相反，如果受害人的过错大于侵害人的过错时，说明受害人本来能够以较低的成本避免事故的发生，即受害人属于较低成本避免者，那么此时他应当承担损失。正如波斯纳所指出的："许多事故是可以由受害人比加害人以更低的成本避免的，所以法律有必要建立一种受害人过错观念（Concept of Victim Fault），以给予潜在受害人适当的安全激励。"① 我国《侵权责任法》第26条"被侵权人对损害的发生也有过错的，可以减轻侵权人的责任"和第27条"损害是因受害人故意造成的，行为人不承担责任"就是关于比较过错责任的具体规定。

其次，就严格责任而言，不论侵害人是否存在过错，均要求侵害人承担侵权责任，主要是因为相较受害人而言，侵害人有预防此类侵权事故发生的优势，"能以最低成本避免事故而没有这样做的当事人要负法律责任"。② 尤其是在发生几率和严重性仅受侵害人影响的单方事故中，严格责任因为不问过错而将责任施加于侵害人一方，所以对侵害人可以发挥最优的预防激励。侵害人为了避免损害的发生，不仅会作预防投入，而且会对行为量和行为的效用水平做最佳考量。③ 基于严格责任在侵害人采取预防措施的单方事故中可以发挥

---

① 理查德·A. 波斯纳. 法律的经济分析 [M]. 蒋兆康，译. 北京：中国大百科全书出版社，1997：218.
② 理查德·A. 波斯纳. 法律的经济分析 [M]. 蒋兆康，译. 北京：中国大百科全书出版社，1997：26.
③ Steve Shavell. Strict Liability Versus Negligence[J]. J. Legal. Stud. 1, 1980:9.

最优预防激励的经济学原理，确定适用严格责任的侵权类型，关键在于审查其是否具有明显的侵害人一方预防即可避免事故发生的单方预防性。一般认为，《侵权责任法》规定的适用严格责任的主要侵权类型，均具有侵害人一方预防即可避免事故发生的单方预防性。比如第41—43条规定的产品责任，传统的观点一直认为产品责任属于由生产商单方采取预防的事故，生产商可以通过在产品设计和生产环节采取注意并有效地向使用者传递产品存在的任何特定危险信息以避免产品事故的发生，所以生产者责任属于典型的严格责任。

但是，假如当某类具有明显单方预防性的侵权行为存在双方预防的可能时，因严格责任对受害人无法发挥激励，结果可能是丧失了受害人能以优势地位避免事故损害的可能。[①] 因此，对于一项特定侵权行为，因其具有明显的单方预防性而适用严格责任时，如果在存在双方预防可能的情况下受害人却没有采取合理预防而致存在过错的，应适用具有比较过错抗辩的严格责任归责原则。《侵权责任法》第70条、第71条、第72条、第73条和第76条规定的高度危险物侵权，明显属于侵害人具有单方预防优势的侵权行为，原则上应适用严格责任，但是当受害人存在过错，即受害人的预防水平对事故几率和严重性发生影响时，则应适用比较过错抗辩，免除或减轻侵害人的责任。第48条规定的机动车交通事故责任、第66条规定的环境污染责任以及第78条规定的饲养动物损害责任，亦是严格责任下适用比较过错抗辩的重要情形。

3. 归责体系存在的立法不足

第一，过错责任未能区分故意侵权和过失侵权。过错因程度不同可以区分为故意和过失。故意是指侵害人明知自己的行为会产生损害后果，却仍然实施侵害行为，希望或者放任损害后果的发生；

---

① Jeffrey L. Harrison. Law and Economics[M]. 北京：法律出版社，2004：166.

过失是指侵害人对自己行为可能造成损害的后果应当预见而没有预见，或虽然预见却轻信能够避免，以致产生了损害后果。在过失侵权案件中，过错责任归责原则对侵害人和受害人均能发挥有效的预防激励，谁是成本较低的事故避免者取决于二者预防成本的比较，而在故意侵权案件中，侵害人避免侵权的成本明显要比受害人的成本低——事实上，对侵害人而言是负成本，而对受害人来说却是正成本，受害人不可能是成本较低的避免者。换言之，受害人的最佳注意程度永远是零。① 因此，除非侵害人和受害人对侵权的发生都是故意形态，否则侵害人故意侵权排除比较过错的适用。从这个意义上分析，故意侵权和过失侵权具有不同的预防功能，这种差异性对于侵权法律制度的设计意义重大。但是，我国《侵权责任法》在规定过错责任时却未能区分故意侵权和过失侵权，不仅在总则部分没有规定，而且除了第47条规定的请求惩罚性赔偿的侵权可以认定为故意侵权外，该法通篇提及的故意和过失仅指受害人故意和受害人过失，这一缺陷在一定程度上埋没了故意在《侵权责任法》中的独特价值。

第二，严格责任适用比较过错的规定存在缺漏。《侵权责任法》第26条和第27条规定了适用比较过错的两种情形，这两个条文被放入第三章"不承担责任和减轻责任的情形"，意味着比较过错在侵权责任法领域是一项普遍适用的规则，不区分过错责任和严格责任。但是，《侵权责任法》第六章"机动车交通事故责任"第48条，第八章"环境污染责任"第66条，第九章"高度危险责任"第70条、第71条、第72条、第73条、第76条以及第十章"饲养动物损害责任"第78条，又特别规定了比较过错适用于严格责任领域的有关

---

① 理查德·A.波斯纳.法律的经济分析[M].蒋兆康，译.北京：中国大百科全书出版社，1997：267.

情形。根据上述特别规定，严格责任适用比较过错的情形可以分为两种：一是《侵权责任法》对适用比较过错作出特别规定而据此适用的情形，包含《侵权责任法》第70、71、73和78条规定的因受害人故意造成而侵害人不承担责任的情形，第72条和第78条规定的因受害人重大过失造成而侵害人减轻责任的情形以及第73条规定的因受害人过失造成而侵害人减轻责任的情形；二是《侵权责任法》明确指引依照其他法律的特别规定适用比较过错的情形。依据《侵权责任法》第48条的指引，可以适用《道路交通安全法》第76条的规定，交通事故的损失是由非机动车驾驶人、行人故意造成的，机动车一方不承担赔偿责任；依据《侵权责任法》第66条的指引，可以适用《水污染防治法》第85条第3款的规定，水污染损害是由受害人重大过失造成的，可以减轻排污方的赔偿责任。

那么，对于那些没有特别规定适用比较过错的严格责任侵权类型而言，是否可以依据《侵权责任法》第26条或者第27条的规定适用比较过错，这一问题尚存争议。有观点认为，第26条和第27条没有对适用比较过错的条件作出限制，应理解为同样适用于严格责任的特殊侵权行为。[1] 有观点认为，第26条条文使用了"也"字，可知适用比较过错的要件为：侵害人对损害的发生有过错，受害人对损害的发生也有过错，方能减轻侵害人的责任。[2] 还有观点认为，在规定严格责任适用比较过错的同一章其他条文中，如果没有明文规定可以因受害人的故意或过失而免除或减轻侵权人的赔偿责任，则应当理解为不准适用比较过错。[3]

---

[1] 最高人民法院侵权责任法研究小组.《中华人民共和国侵权责任法》条文理解与适用 [M]. 北京：人民法院出版社，2010：209.

[2] 王胜明. 中华人民共和国侵权责任法解读 [M]. 北京：中国法制出版社，2010：126.

[3] 杨立新. 侵权损害赔偿（第5版）[M]. 北京：法律出版社，2010：168-169.

4. 归责体系的完善建议

第一，过错责任区分故意侵权和过失侵权。区分故意侵权和过失侵权的经济学意义在于确保《侵权责任法》可以充分发挥有效预防的作用。故意侵权和过失侵权在预防方面发挥着不同的效能，必然要求制定不同的侵权法律制度与之相适应。故意在侵权成立、精神损害赔偿、惩罚性赔偿、补偿性赔偿，以及侵权预防等方面具有独特而不可替代的重要意义。[①] 因此，除了在《侵权责任法》总则部分明确规定过错责任包括故意侵权和过失侵权两种形态之外，还应在故意侵权责任的构成标准方面予以放宽，损害赔偿范围方面予以加重，从而可以确保达到侵权法律制度对故意侵权的有效威慑。

第二，严格责任完善比较过错适用规则。严格责任在适用比较过错方面的缺漏主要有两个方面：一是处于同一章的某类侵权行为，有的条文明确规定了适用比较过错的具体情形，有的却没有规定，没有规定的，可否依据《侵权责任法》第26条和第27条的规定适用比较过错；二是处于同一章中的某类侵权行为，均未规定适用比较过错的有关情形，可否依据《侵权责任法》第26条和第27条的规定适用比较过错。笔者认为，根据《侵权责任法》第7条的规定，严格责任的适用，取决于法律的特别规定，那么严格责任下比较过错的适用，也应取决于法律的特别规定。所以，对于第一个问题，同一章中的侵权行为，没有规定适用比较过错情形的，则不能适用《侵权责任法》第26条和第27条的规定。对于第二个问题，应考虑增加一些严格责任项下特殊侵权行为适用比较过错的规定，比如《侵权责任法》第五章规定的产品责任是一种典型的严格责任，但是

---

① 叶名怡. 侵权法上故意与过失的区分及其意义 [J]. 法律科学（西北政法大学学报），2010（4）：87.

该章通篇没有关于适用比较过错的规定。作为规范产品责任的特别法《产品质量法》，尽管第41条规定了生产者的免责情形，但其中也没有因受害人过错造成损害而减轻或免除侵害人责任的规定。基于经济学预防激励的原理考量产品责任，必然要求生产商对其在产品设计和生产方面存在的缺陷承担严格责任。但是，对于使用者未尽到合理注意而错误使用产品所致的事故，如果一味地适用严格责任要求生产商来承担损失的话，就会促使生产商基于风险分散的目的为每一个使用者投保，那么，为了补偿投保的成本，生产商就会提高产品的价格，最终造成的结果就是所有的使用者都要为购买产品支付较高的价格，而不仅仅是那些错误使用产品的人。当这种情况发生时，因无法实现社会成本最小化，所以违反效率标准。因此，法律有必要为上述生产商的严格责任增加一项因使用者未尽到合理注意而错误使用产品可以免除或减轻责任的抗辩。

（二）侵权损害赔偿的立法评析和完善建议

1. 侵权损害赔偿的立法体现

《侵权责任法》关于损害赔偿的规定体现在第16、17、19、20、22和47条。其中，第16条和第17条规定了人身损害赔偿规则，第19条和第20条规定了财产损害赔偿规则，第22条是关于精神损害赔偿的规定，第47条是关于惩罚性损害赔偿的规定。

2. 侵权损害赔偿的经济学评析

损害赔偿数额的多少反映了侵害人和受害人各自行为外部性的内部化程度，为使侵害人和受害人未采取合理预防水平造成的外部性得以内部化，就需要确定适当的损害赔偿数额，唯有如此，才能对侵害人和受害人发挥最优预防的激励。这是因为：如果赔偿数额确定得较低，侵害人给他人带来的外部性无法实现完全内部化，侵害人则不会被激励着采取最优的预防，这样就会导致事故的频发。反之，如果赔偿数额确定得较高，虽然侵害人给他人带来的外部性可以完全内部化，但是侵害人为了避免承担高于社会成本的赔偿数额，就会投入过高的预防成本，从而造成社会资源的浪费，并且对受害人而言，因其无论如何行为都会得到较高水平的赔偿数额，从而不会被激励着采取任何预防，其行为的外部性无法实现内部化。因此，适当的赔偿数额是侵权法发挥预防功能的重要方面。

根据前文所述，以侵害对象是否可替代为标准，可以将损害区分为可替代损害和不可替代损害，前者如财产损害，可以在市场上找到替代品，利用替代品的市场价值就可以确定损害赔偿数额，这种确定方法在经济学上被理解为无差异完全赔偿标准，正如考特和尤伦所论述的，"当受害人对于受到伤害并得到赔偿金，和未受到伤害但也得不到赔偿金没有区别时，补偿是完美的"。[1]《侵权责任法》第19条也做了类似规定："侵害他人财产的，财产损失按照损失发生时的市场价格或者其他方式计算。"

不可替代损害主要是指人身损害，人身损害因为不存在一个可供参考的市场替代品，其赔偿标准往往是不完全的。我国《侵权责任法》第16条规定的人身损害赔偿标准亦是如此，该条规定："侵害他人造成人身损害的，应当赔偿医疗费、护理费、交通费等为治疗和康复支出的合理费用，以及因误工减少的收入。造成残疾的，还应当赔偿残疾生活辅助具费和残疾赔偿金。造成死亡的，还应当赔偿丧葬费和死亡赔偿金。"该条规定的伤残赔偿金和死亡赔偿金并不是对受害人身体价值和生命价值的赔偿，身体和生命本应是无价的，人身损害无法获得完全的赔偿。因此，对人身损害而言，应将重点放在预防损害的发生上。"损害的预防总是优于损害的赔偿"[2]，强调人身损害的预防功能，为人们采取最优预防水平提供有效激

---

[1] 罗伯特·考特，托马斯·尤伦. 法和经济学（第5版）[M]. 史晋川，董学兵，等，译. 上海：格致出版社、上海三联书店、上海人民出版社，2010：364.
[2] 王军. 侵权损害赔偿制度比较研究 [M]. 北京：法律出版社，2011：163.

励，确保损害的少发生或不发生，才是人身损害赔偿规则的最优设计。

依据经济学的效用理论，任何事物对个人而言都会产生效用。虽然人的身体和生命是无价的，但是对于个人而言，其所带来的效用却是可以衡量的。① 所以，对于人身遭受的损害，可以使用金钱弥补效用的方式进行补偿。现行的人身损害赔偿标准，是按照人身体某个部分或者人的生命能挣多少钱进行计算的，但是身体、生命的价值与身体、生命能挣多少钱并非一回事。正是因为人身损害赔偿标准具有不完全性，所以侵害行为的负外部性无法达到完全内部化。那么，在人身损害赔偿问题上，就应引入精神损害赔偿，严重侵权行为，还应考虑增加惩罚性损害赔偿，以此增加侵害人成本，推动侵害人采取较高水平的预防。从这个意义上说，我国《侵权责任法》第22条在立法层面上，一改过去将精神损害赔偿作为人身权益被侵害的附带性项目，明确将其确立为人身损害赔偿体系中的一个独立项目，第47条又明确规定了惩罚性损害赔偿，均属于侵权立法上的重要进步。

3. 侵权损害赔偿的立法不足

如前所述，《侵权责任法》对财产损害赔偿的规定符合无差异完全赔偿标准，所以在立法方面不存在经济学意义上的瑕疵和缺陷，但是对于人身损害赔偿而言，却因为赔偿项目的不完备和赔偿标准的不明确造成对侵权预防的激励不足。

第一，人身损害赔偿项目不完备。根据《侵权责任法》第16条和第22条的规定，一般人身损害赔偿项目包含两个方面：一是医疗费、护理费、交通费、误工收入、残疾生活辅助具费和丧葬费等财

---

① 孙鹏，胡建. 死亡损害赔偿额的算定——以法经济学的分析为视角［J］. 学术论坛，2012（11）：48.

产性损害赔偿项目；二是受害人或近亲属因受害人伤亡而遭受的收入减少损失（死亡时表现为近亲属的扶养利益或继承利益损失）和精神损失等非财产性损害赔偿项目。第47条还规定了缺陷产品致人死亡或健康严重损害时的惩罚性损害赔偿项目。但是存在的问题是，第22条虽然将精神损害赔偿规定为人身损害赔偿体系中的一个独立项目，但是在适用范围的规定方面却存在两点不足：其一，将赔偿范围限定为"严重精神损害"，无法发挥权利创设功能，精神损害赔偿的独立地位必然受到削弱；其二，被侵权人死亡情形下近亲属的精神损害赔偿问题没有涉及。第47条虽然规定了惩罚性损害赔偿金，但却仅限于缺陷产品致人死亡或健康严重损害的情形。

第二，人身损害赔偿标准不明确。关于残疾赔偿金和死亡赔偿金的计算标准，虽然有的学者主张《侵权责任法》第16条的规定意味着《最高人民法院关于审理人身损害赔偿案件适用法律若干问题的解释》规定的残疾赔偿金和死亡赔偿金的具体计算标准已经被废止，但是在废止旧规定的同时，《侵权责任法》却没有给出新的计算标准。尤其对于死亡赔偿金而言，基于《最高人民法院关于适用〈中华人民共和国侵权责任法〉若干问题的通知》第4条的规定，司法实践中很多法院仍然以《最高人民法院关于审理人身损害赔偿案件适用法律若干问题的解释》中的相关规定作为计算死亡赔偿金的标准，这就使得死亡赔偿金的计算标准又回到《侵权责任法》颁布前的状态，《侵权责任法》关于死亡赔偿金的规定缺乏实际意义。就精神损害赔偿和惩罚性损害赔偿而言，虽然作出了相关规定，但却过于简略，没有对具体赔偿方法和计算标准作出明确规定。

4. 侵权损害赔偿的完善建议

第一，进一步完善人身损害赔偿项目。

（1）关于精神损害赔偿，一方面，不应囿于"严重精神损害"。正如有的学者所称："人既是一个物质性的存在，也是一个精神性的存在；人既有物质性的需求，也有精神性的需求。对于人的内涵中的精神性的方面，民法典必须予以认可，并且通过一系列的制度对其进行保护，而不是仅仅限于'物质'的层面。"① 再者，从强调预防的经济学视角分析，《侵权责任法》应在引导行为人如何对待侵权问题上发挥功能，实现从传统意义上注重权利保护的裁判规范向现代意义上注重权利创设的行为规范转变。因此，即使造成的精神损害程度较轻，为了达到确认权利存在的目的，也不应囿于"严重性"。另一方面，应规定致人死亡情形下被侵权人近亲属的精神损害赔偿问题。《侵权责任法》第22条对于致人死亡情形下近亲属遭受的精神痛苦，可否请求精神损害赔偿没有规定。被侵权人死亡除了给近亲属带来医疗费、护理费、交通费、误工收入、丧葬费等财产损失和扶养利益、继承利益损失之外，还会给近亲属带来精神痛苦。《侵权责任法》第16条仅规定了致人死亡的赔偿项目，没有对死亡赔偿项目的请求权人作出规定。根据《侵权责任法》第18条第1款前半部分的规定，应认为所确立的侵权死亡赔偿的请求权主体为近亲属。综上，建议将《侵权责任法》第22条修改为：侵害他人人身权益，造成他人精神损害的，被侵权人可以请求精神损害赔偿。造成被侵权人死亡的，其近亲属可以请求精神损害赔偿。

（2）关于惩罚性损害赔偿，一方面，应扩大惩罚性赔偿在人身损害中的适用范围。现代侵权法应该以积极预防的理念替代事后救济的传统思维，鉴于人身损害赔偿难以获得完全赔偿，在传统赔偿项目之外，应将惩罚性赔偿的适用范围扩大为一般适用，只有这样，潜在侵权人才会考虑惩罚性赔偿增加的违法成本问题，从而从源头上预防侵权行为的发生。当然，惩罚性赔偿不能盲目扩张适用至所

---

① 薛军. 人的保护：中国民法典编撰的价值基础[J]. 中国社会科学，2006(4)：123.

有的人身侵权行为，应主要针对造成严重后果的故意侵权行为。由此，建议在《侵权责任法》中对惩罚性损害赔偿作出如下规定："故意侵犯他人人身权益，造成他人死亡或者健康严重损害的，被侵权人或其近亲属可以请求惩罚性赔偿。"另一方面，对惩罚性损害赔偿金应增加适当限制。惩罚性损害赔偿金确定得是否合理，关系着这一制度的预防功能能否实现。如果惩罚性损害赔偿金被确定的过低，对侵害人难以发挥威慑效能，制度价值难以实现；如果惩罚性损害赔偿金被确定的过高，侵害人就会被引导着投入过高的预防成本，从而使得事故总成本难以实现最小化，而对受害人一方而言，则易引发道德风险，反而无益于侵权行为的预防和遏制。

第二，进一步完善人身损害赔偿标准。

（1）关于残疾赔偿金的计算标准，有"所得丧失说"、"生活来源丧失说"和"劳动能力丧失说"。其中，"所得丧失说"主张以受害人实际收入减少损失为赔偿标准，按此标准，无收入者无法获得赔偿，实际收入没有减少的，也不应获得赔偿，适用此标准无法填补所有损害，预防功能无从谈起；"生活来源丧失说"主张以受害人生活补助费为赔偿标准，该标准将赔偿范围仅限于生活费，赔偿标准过低，对受害人权益保护不充分，势必导致对侵权行为的威慑不足；"劳动能力丧失说"主张以劳动能力丧失程度为赔偿标准，这种赔偿标准突破了实际收入的限制，解决了无收入者和实际收入未减少者的残疾赔偿问题，但是缺点是损失的具体衡量标准较难确定。从《最高人民法院关于审理人身损害赔偿案件适用法律若干问题的解释》第17条和第25条的规定可以看出，该司法解释采用的是以"劳动能力丧失说"为主、以"所得损失说"为补充的赔偿标准。但是在司法实践中，因为"劳动能力丧失程度"难以确定，普遍适用的是以伤残等级为标准的残疾赔偿金计算方法。基于损害赔偿金旨在补偿收入潜力损失，笔者认为，在《侵权责任法》制定之后，对于残疾赔偿金的计算标准，可以综合"所得损失说"和"劳动能力丧失说"优势，引入"未来预期损失说"。从经济学视角分析，"赔偿的目的是使受害人处于假设损害并未发生时所处的经济地位。"① 劳动能力丧失损害的是"赚钱能力"，它与因人身损害而降低的未来预期收入潜力有关，因此，"所得损失说"与"劳动能力丧失说"仅为法律观点之不同。在实际计算损害赔偿额时，采劳动能力丧失说者，亦常以被害人受伤前实际所得为计算损害额之评价资料，而采所得损失说者，对于被害人为幼儿无现实所得者，亦承认被害人于成年后，仍有所得损失之损害。② "所得损失说"的不合理之处在于无法涵盖未成年人、待业者以及实际收入未减少者的损害赔偿问题，为了弥补这一缺憾，建议采用"未来预期损失说"，即比较受害人未来可能获得的实际收入与若其没有受到损害的现实收入或未来预期收入，两者的差额就是应予赔偿的数额，并且，对于受害人未来预期收入损失应由其本人提供证据予以证明。此外，现实中还存在虽然未造成残疾但丧失劳动能力的情况，《侵权责任法》第16条规定的残疾赔偿金难以涵盖此种情况，所以建议在以后制定司法解释时考虑将此种情况纳入赔偿范围。

（2）关于死亡赔偿金的计算标准，有死者"生命价值"赔偿说、近亲属"逸失利益"赔偿说和一定物质生活水平维持说。其中，死者"生命价值"赔偿说认为死亡赔偿金是对死者生命价值的赔偿。该说因就是否实行同一赔偿标准存在分歧，而又区分为"命价平等说"与"命价不平等说"。"命价平等说"认为死亡赔偿金是对"命价"的赔偿，应适用统一的死亡赔偿标准。"命价不平等说"认为死亡赔偿金是对死者自身因生命丧失而遭受的损害进行的赔偿，这

---

① Anderson v. Litzenberg. 694 A. 2d 150, Court of Special Appeals of Maryland, 1997 (28):162.

② 曾隆兴. 详解损害赔偿法[M]. 北京：中国政法大学出版社，2004：199.

种损害体现为死者未来的预期收入，它与被扶养人生活费、精神损害赔偿是并行的项目。近亲属"逸失利益"赔偿说认为死亡赔偿金是对死者近亲属"逸失利益"的赔偿，该说又有"扶养丧失说"与"继承丧失说"两种模式。"扶养丧失说"认为赔偿权利人是死者生前负有扶养义务的人，赔偿范围是被扶养人在死者生前获得的或者有权获得的自己扶养费的份额。"继承丧失说"则认为受害人倘若没有遭受侵害，在未来将不断获得收入，而这些收入本来是可以作为受害人的财产为其法定继承人所继承，因此，死亡赔偿金的赔偿权利人应是死者的法定继承人，赔偿范围是法定继承人在将来所能够继承的财产的减少，也即因受害人死亡而丧失的未来可得利益。① 一定物质生活水平维持说认为侵权死亡产生的逸失利益财产损失的赔偿旨在维持被扶养人和近亲属一定的物质生活水平，而不仅限于被扶养人必要的生活费。笔者认为，确定死亡赔偿金的性质，首先要确定致人死亡侵权行为侵害的对象及内容，即谁会因致人死亡侵权行为受到损害，具体受到哪些损害。一方面，致人死亡侵权行为最先侵害的是被侵权人的生命权，如前所述，虽然生命是无价的，但是从经济学视角分析，对于人身遭受的损害，可以使用金钱弥补的方式进行补偿。所以，对死者而言，其因生命丧失而遭受的损害应该得到赔偿，根据死者"生命价值"赔偿说的观点，这种损害体现为死者未来的预期收入。另一方面，被侵权人的近亲属与被侵权人往往具有情感上的依赖和经济上的牵连，被侵权人死亡会给近亲属带来一系列损害，张新宝教授将此种损害归纳为三类②：一是死亡前后可能发生的相关财产损失，这部分损失体现在《侵权责任法》第16条的前半部分；二是死亡会导致近亲属可能利益的损失，又称

---

① 高圣平. 中华人民共和国侵权责任法立法争点、立法例及经典案例 [M]. 北京：北京大学出版社，2010：216.

② 张新宝.《侵权责任法》死亡赔偿制度解读 [J]. 中国法学，2010（3）：29.

"逸失利益"，该类损失不限于扶养利益，也不限于未来可以继承的遗产；三是死者近亲属会出现精神痛苦，这部分损害笔者认为应在《侵权责任法》第22条中予以增加。由此，近亲属遭受的第一类损害和第三类损害在我国侵权责任制度中均有体现，那么被侵权人遭受的生命权损害和近亲属遭受的可能利益损害则应与《侵权责任法》第16条规定的死亡赔偿金相对应。被侵权人遭受的生命权侵害体现为死者未来的预期收入，近亲属的抚养利益和继承利益也源于死者未来的预期收入，所以，笔者赞同以死者未来预期收入为标准计算死亡赔偿金，由于每个受害人的收入状况或潜在收入状况不同，死亡赔偿金的数额自然也不同，对于受害人未来预期收入损失应由其受害人近亲属提供证据予以证明。

第三，关于精神损害赔偿金的确定，《侵权责任法》没有涉及，现行司法解释及地方性法律文件规定的标准不一，司法主导的精神损害赔偿，由法官确定精神损害抚慰金实际上依据了"没有标准的标准"——法官的自由裁量权。[①] 因此，进一步规范精神损害赔偿标准，成为《侵权责任法》司法解释面临的一项重要任务。鉴于精神损害赔偿涉及的人身损害类型繁杂，规定统一的标准难以确保个案公正，因此，笔者赞同按照地域经济发展水平确定一般限额，将其分成低、中、高三类不同档次，然后在相应的档次内衡量侵权人过错程度、侵害具体情节、侵权行为后果、侵权人获利情况以及受诉法院所在地平均生活水平等因素，最后确定精神损害赔偿金的具体数额。

第四，关于惩罚性损害赔偿金的确定，英美法系国家一般采取两种方式：一种是比例性原则，即惩罚性损害赔偿金与补偿性损害

---

[①] 克雷斯蒂立·冯·巴尔. 欧洲比较侵权行为法（下）[M]. 张新宝, 等, 译. 北京：法律出版社, 2001：210.

赔偿金保持某种合理的比例关系；另一种是对惩罚性损害赔偿金的最高数额作出限制。因为并非所有的侵权行为都会被追偿，那么侵权行为的预期损害赔偿金总会小于预期损失金额。而只有当预期损害赔偿金等于预期损失金额时，才可以发挥对侵权行为的最优威慑。基于此，笔者认为确定惩罚性损害赔偿金，选择比例性原则更为合理，即以补偿性损害赔偿金为基数，将惩罚性损害赔偿金限制在补偿性损害赔偿金的一定比例范围之内。

## 第二节　我国侵权法律适用规则之经济学评析

《涉外民事关系法律适用法》第 44、45、46、50 条对涉外侵权的法律适用规则进行了规定，从以上法条内容可以看出，该法顺应国际社会立法趋势，采取了区分一般侵权责任和特殊侵权责任的做法，在对一般侵权责任的法律适用规则规定之后，又对具有代表性意义的特殊侵权责任的法律适用规则进行了规定。其中，一般侵权责任的法律适用规则以侵权行为地法为主，以当事人共同经常居所地法、意思自治原则为例外；产品责任的法律适用规则以被侵权人经常居所地法为主，以侵权人主营业地法、损害发生地法为例外；人格权侵权责任的法律适用规则是适用被侵权人经常居所地法；知识产权侵权责任的法律适用规则以被请求保护地法为主，以事后协议选择法院地法为辅。从上述规则内容可以看出，该法在涉外侵权法律适用规则的规定方面贯穿着如下两条主线：一是当事人意思自治原则的限制性引入；二是属地法和属人法的顺序化处理。

国际私法的理论和实践历来存在私人本位和国家本位的纠葛，凡主张解决法律冲突为"私人权利"的取得过程者，为采"私人本位制"；"政府（国家）本位制"则视法律选择为对各国"政府利益"的分配过程。① 这种纷争反映到法经济学领域，在侵权法律适用规则的经济学分析方面体现为注重事故成本最小化的私人视角与注重国家实体政策、规制利益最大化的国家视角之间的对峙。在笔者看来，对于我国《涉外民事关系法律适用法》规定的侵权法律适用规则而言，其中对当事人意思自治原则的引入主要基于效率视角下成本降低之考虑，对属地法和属人法所做的顺序化处理则主要基于规制视角下政策利益孰轻孰重之权衡，所以本书在对私人视角和国家视角进行简要介绍的前提下，重点围绕《涉外民事关系法律适用法》有关侵权法律适用规则的两条主线展开分析，其中对当事人意思自治原则的分析以效率视角为主，同时兼顾规制视角，对属地法和属人法的分析则以规制视角为主，同时兼顾效率视角。

## 一、效率视角下的当事人意思自治原则

### （一）当事人意思自治原则的经济学论证

从经济学视角分析当事人意思自治原则，离不开经济人假设。当事人能否实现意思自治，取决于是否具有理性。经济人假设提供了这一前提。如前所述，"经济人"一词最先由斯密提出，他认为每个人都是其自身利益的最佳判断者，"他会根据市场情况、自身处境和自身利益之所在来作出判断，并使自己的经济行为适应于从经验中学到的东西，从而使所追求的利益尽可能最大化"②。"经济人"概念的内核就在于其具有"经济理性"，所谓"经济理性"，是指经济行为人对其所处环境的各种状态及不同状态对自己支付的意义都具有完全信息，并且在既定条件下每个行为人都具有选择使自己获得

---

① 徐崇利. 冲突法之本位探讨 [J]. 法律科学（西北政法学院学报），2006 (5): 51.
② 杨春学. 经济人与社会秩序分析 [M]. 上海：上海三联书店，上海人民出版社，1998: 11 - 12.

最大效用或利润的意愿和能力。①

意思自治将个人的经济命运交给个人主宰就是相信人是理性动物,会趋利避害地处理与自己相关的事务。在伊曼纽尔·康德(Immanuel Kant)看来,作为理性载体的人均根据其意志行事,而意志是自由的,"自由这个概念是解释意志自律的关键",因为意志自律,无非是个人自由地自己决定自己。②既然"经济人"是其自身利益的最佳判断者,那么只要每个人都能够自由地追求自身利益,其追求自身利益最大化的自由行动便会促进社会利益。"每个人都不断地努力为他自己所能支配的资本找到最有利的用途。固然他所考虑的不是社会利益,而是他自身的利益,但他对自身利益的研究自然会或者毋宁说必然引导他最有利于社会的用途。"③

然而,随着行为科学的发展,经济人假设不断受到不同方面经济学家的批判与修正。经济人并非现实人,其所具有的理性也并非完全理性,西蒙基于经济决策者本身信息的不完全性和计算能力的有限性提出了"有限理性"理论,正如西蒙所言:"人类有限度的认知能力,给理性的发挥和利用划定了限度",即"考虑限制决策者信息处理能力的约束的理论"。④ 富兰克·H. 奈特(Frank Hyneman Knight)指出,有限理性的根基是"根本不确定性",即一种不同于不完全信息的非线性系统固有的不可预知性。⑤ 基于此,美国一些行为经济学家提出了不对称家长制,主张立法者将更多地代替当事人

---

① 袁艺,毛宁. 从经济理性到有限理性:经济学研究理性假设的演变 [J]. 经济学家,2007(2):21.
② 李永军. 合同法 [M]. 北京:法律出版社,2004:164.
③ 亚当·斯密. 国民财富性质和原因的研究(下卷)[M]. 北京:商务印书馆,1974:25.
④ 赫伯特·A. 西蒙. 管理行为——管理组织决策过程的研究 [M]. 北京:北京经济学院出版社,1988:21.
⑤ 袁艺,毛宁. 从经济理性到有限理性:经济学研究理性假设的演变 [J]. 经济学家,2007(2):24.

决策，但条件是此等决策在给犯错误的人带来大的利益的同时对完全理性的人少带来或完全不带来损害。① 这一理论反映到意思自治问题上，必然要求立法引入当事人意思自治原则时增加适当的干预和限制。

（二）我国涉外侵权领域意思自治原则的效率分析

《涉外民事关系法律适用法》吸收国际先进立法思想，首次将当事人意思自治原则引入涉外侵权法律适用领域，在一般侵权责任和特殊侵权责任的法律适用规则中都对当事人选择法律做了不同程度的规定，实现了我国涉外侵权法律适用的突破和创新。当事人意思自治原则是合同法律适用领域的首要原则，与合同领域不同的是，作为法定之债的侵权领域，在引入当事人意思自治原则时，一般都要求施加一定的限制。我国《涉外民事关系法律适用法》的规定也不例外，其中第44条只允许当事人事后选择法律，不允许事前选择法律。第45条只赋予被侵权人单方选择适用侵权人主营业地法或损害发生地法的权利。第50条也是只允许当事人事后选择法律，并将事后选择的范围限于法院地法。

从经济学效率视角分析，如果允许当事人选择侵权准据法，那么当事人在作出何国法律为准据法的选择时，实现其本人效用最大化必然是首要考量因素，正如奥哈拉所指出的，冲突法要效率必须以个人避开法律为出发点和落脚点。② 因此，允许当事人协议选择侵权准据法，可以避开那些无效率的侵权实体法，确保更有效率的侵权实体法得以适用，这不仅有利于降低交易成本和诉讼成本，而且

---

① Colin Camerer, Samuel Issacharoff, George Loewenstein, Ted O'Donoghue, Matthew Rabin. Regulation for Conservatives: Behavioral Economics and the Case for "Asymmetric Paternalism"[J]. University of Pennsylvania Law Review, 2003(151):1212.

② Erin O'Hara, Larry Ribstein. From Politics to Efficiency in Choice of Law[J]. U. Chi. L. Rev., 2000(67):1151.

有利于实现国家之间的帕累托最优。

按照选择发生于侵权前还是侵权后，可区分为事前选择和事后选择两种方式。当侵权人和被侵权人在侵权行为发生之前不存在任何法律关系时，难以通过事前协议方式选择所要适用的准据法。此外，从国家视角分析，侵权法律适用规则体现了所涉各国在规制侵权行为方面的实体政策利益，而这种规制利益主要体现在侵权行为发生之前对当事人的激励和引导上，待侵权行为发生之后，侵权人和被侵权人已处于对抗局面，允许当事人事后选择侵权准据法，一般来讲不会对一国在侵权法律适用规则上的实体政策利益产生实质影响，所以《涉外民事关系法律适用法》第44条和第50条均将选择方式限定为事后，而第45条关于产品责任法律适用的选择方式却未予限定，则是因为产品责任发生之前当事人之间因购买产品已经发生法律关系，而且产品责任属于市场侵权领域，为了发挥其对市场资源配置的引导功能，则不宜限定为事后。

但是，当事人在进行法律选择时，通常只会顾及个人利益，对于其选择的法律对第三人乃至对社会产生的负面效用不予考虑。如果当事人选择的法律会给第三方乃至具有规制利益的相关国造成负的外部性，就不利于实现社会福利最大化。为此，一般要求对当事人选择法律给予相应限制。《涉外民事关系法律适用法》第45条基于保护被侵权人的目的将选择权赋予被侵权人，并将选择范围限定为侵权人主营业地法或损害发生地法，正是基于对侵权人主营业地国或损害发生地国规制利益的考虑，而第50条限定为法院地法，则是基于对法院地国规制利益的考虑。

（三）我国涉外侵权领域意思自治原则的立法不足

笔者认为，在涉外侵权领域意思自治原则的规定上，《涉外民事关系法律适用法》将协议选择侵权准据法限于事后欠缺合理性，这是因为，在降低事故成本方面，事前选择方式比事后选择方式更为有效,一旦事前以协议方式选定了侵权准据法,当事人为了达到事故成本最小化,则会被选定的侵权准据法引导着采取最优的注意水平,从事最优的行为水平,从而有利于达到社会最优状态。相反,事后选择方式显然并不具有该等预防功能,无法创造财富,也不具有市场资源配置的功能,而只是原告和被告当事人之间实体和诉讼两大成本的财富再分配。①

从经济学视角分析,相较事后选择,一国在协议选择侵权准据法问题上排除事前选择,唯一可能的原因在于事前选择不利于实现本国侵权法律适用规则预期拟实现的规制利益。美国冲突法领域将侵权规则区分为"行为调整规则"和"损失分配规则"对于分析这个问题有借鉴意义。美国学者西蒙·C. 西蒙尼德斯(Symeon C. Symeonides)指出,所有的侵权规则都包含两方面的因素:一方面,每一项侵权规则因为将事故的成本予以分配,所以具有损失分配的作用;另一方面,每一项侵权规则因为其改变了对当事人的激励并因此调整他们的行为,从而具有行为调整的作用。西蒙尼德斯进一步指出,对一项特定的侵权规则进行区分时,不能依据其所具有的客观影响,而是应该依据其主要目的和功能。那些旨在事后对事故成本进行分配的规则属于损失分配规则,而那些旨在调整当事人行为的规则属于行为调整规则。② 对于行为调整类的侵权规则,事后选择对一国法律适用规则能否实现预期规制利益不会产生影响,而事前选择因可以发挥事前的激励和引导作用,则可能会对一国法律适用规则能否实现预期规制利益产生实质性影响。但是,就损失分配规则而言,既然赋予当事人协议选择侵权准据法的权利,无论事前

---

① 王彦志. 侵权法律选择的法经济学分析 [D]. 吉林:吉林大学,2010:38.
② Symeon C. Symeonides. Territoriality and Personality in Tort Conflicts [M]// Thalla Einhorn,Kurt Siehr. Intercontinental Cooperation Through Private International Law-Essays in Memory of Peter Nygh. Hague:T. M. C. Asser Press,2004:405.

选择还是事后选择，一旦当事人协议选择的准据法体现的规制利益不同，则本国预期在调整侵权行为方面拟实现的规制利益均无法实现。因此，既然《涉外民事关系法律适用法》没有排除事后选择，那么使用排除事前选择的立法技术以保障规制利益的实现，该立法目的恐难以如愿。

（四）对我国涉外侵权领域意思自治原则的完善建议

基于上述分析，笔者认为，应取消协议选择侵权准据法的时间限制。事前选择较事后选择具有更多的经济优势，侵权法律适用立法不应对协议选择侵权准据法增加时间限制。根据前文论述，温考克和凯伊丝将侵权区分为市场侵权、关系型非市场侵权和不相关型非市场侵权，并对适合协议选择侵权准据法的情况进行了论述。关于是否需要区分侵权类型并根据不同侵权类型确定是采用事前选择还是事后选择，笔者认为，是否区分侵权行为类型对于协议选择侵权准据法意义不大，这是因为，事前选择和事后选择有其各自适用范围，对于有些侵权行为而言，当事人既可以做到事前协议选择，也可以做到事后协议选择，但是对于其他一些侵权行为而言，事前协议选择却不可能。所以，无论市场侵权还是非市场侵权，无论事前选择还是事后选择，只要能够做到协议选择侵权准据法，则均应予准许。所以，建议取消《涉外民事关系法律适用法》第44条和第50条规定的"侵权行为发生后"之时间限制。

## 二、规制视角下的属地法和属人法之争

（一）属地法和属人法的基本经济学原理

国际私法长期存在属地主义和属人主义的对立，这一点反映在侵权法律适用领域，就表现为以侵权行为地法为代表的属地法和以当事人住所地法为代表的属人法之争。我国《涉外民事关系法律适用法》规定的侵权法律适用规则亦是如此。从《涉外民事关系法律

适用法》规定的涉外侵权连结点看，侵权行为地、损害发生地、被请求保护地均属于属地法意义上的连结点，经常居所地、主营业地则属于属人法意义上的连结点。由此可以认定，我国《涉外民事关系法律适用法》就涉外侵权的法律适用放弃了单一适用侵权行为地法的传统做法，在属地法、属人法二者孰为主、孰为次的选择问题上，对属地法和属人法做了不同的顺序化处理。

从经济学视角分析，属地法和属人法之争体现为两个法域之间的政策利益之争，所属法域因连结因素不同，所关联的政策利益亦有所不同。正如波斯纳所指出的，"两个州都存有资源分配和财富分配的利益"[1]。侵权责任适用属地法，最早可追溯至"场所支配行为"这一古老原则，当事人在该地域行为，可以推定其愿意适用当地之法律。从法域视角分析，适用属地法主要源于属地主权理念，一个主权国家的侵权实体法具有属地效力范围，对于与其有地域联系的侵权行为，是否纳入调整范围具有政策利益。美国的约瑟夫·H.比尔（Joseph H. Beale）将属地主权理念进一步发展成既得权说，认为"唯侵权行为地法可赋予侵权之诉因"[2]，即当事人被属地法授予一种与损害赔偿请求权类似的既得权，原告不管在何处起诉，都携带该法所授予的权利，诉讼法院只不过是被请求支持或协助取得这一权利。[3] 从侵权行为本身分析，则是因为侵权行为存在着与侵权实体法具有联系的属地要素，即属地法连结点，只有侵权属地要素处在一定侵权实体法的地域范围，这种联系才能建立起来，该法域规制侵权行为的政策利益才可得以实现。

侵权责任适用属人法，有布雷纳德·柯里（Brainerd Currie）的

---

[1] 理查德·A.波斯纳. 法律的经济分析[M]. 蒋兆康，译. 北京：中国大百科全书出版社，1997：764.

[2] Joseph H. Beale. A Treatise on the Conflict of Law[J]. New York: Baker, Voorhis & Co., 1935(2):1288.

[3] 韩德培. 国际私法[M]. 北京：高等教育出版社，2000：207.

政府利益分析说，该说强调相关法域保护本地居民的意愿。[①] 正如马丁·沃尔夫（Martin Wolf）所说，在以主权国家为基础的国际社会的法律体系中，国家法（包括以国家为基础的独立法域）的效力范围除了属地性，还有一个重要的方面，即它的属人效力。[②] 法律具有属人效力的基础是当事人具有隶属于该国的身份，确定当事人隶属于哪个国家的要素既可以是国籍也可以是住所和经常居所。作为调整人与人之间社会关系的规范，为个人利益创设的侵权实体法应该适用于因属人要素而隶属于这个国家的人，即国家有权要求其国民遵守该国的侵权实体法。

### （二）我国涉外侵权领域属地法和属人法之争的规制分析

从规制视角分析，涉外侵权法律适用规则应该使得一国与此相关的政府规制政策利益得以实施并在实施过程中实现成本最小化、收益最大化，即是否选择一项连结点以及在多个连结点之间如何确定主次顺序，在于考察该连结点是否具有相关规制利益以及规制利益大小。在涉外侵权法律适用领域，是选择属地法为主，还是选择属人法为主，亦是权衡二者在涉外侵权问题上的规制利益孰大孰小。

侵权行为地是确定侵权准据法的重要属地连结点，该地对于发生于其地域范围内的侵权行为具有规制利益。一方面，侵权行为地法因其在侵权行为发生之前可被预期而更加有利于减少事故成本；另一方面，按照波斯纳提出的比较规制优势说，侵权行为地对侵权行为具有比较规制优势和最大经济利益，"侵权行为地法最适合影响安全的那个州的情势，这些影响因素包含气候、地形及人们对安全

---

[①] 许庆坤. 一般侵权冲突法的正义取向与我国司法解释的制订 [J]. 法学家，2013（3）: 132.

[②] 马丁·沃尔夫. 国际私法（第2版）[M]. 李浩培，汤宗禹，译. 北京：北京大学出版社，2009: 40-42.

的态度"①。由此，侵权行为地法成为经济学视角下确定侵权准据法的首要选择。几乎所有国家的侵权法律选择立法中都包含着这样一条规则，即侵权责任适用侵权行为地法，它被认为是"国际私法上最早确立之原则之一"。② 我国《涉外民事关系法律适用法》第44条和第50条均选择将侵权行为地法确立为基本规则，正是因为侵权行为地国对其地域范围内发生的侵权行为具有最相关规制利益。

如前所述，属人法的本质是确定一个人属于某一国别的身份，侵权实体法作为调整人与人之间侵权关系的规范，应该适用于因属人要素而隶属于这个国家的人，在这个意义上，该国对于发生于其本国居民之上的涉外侵权行为具有特别的实体政策规制利益，当侵权人和被侵权人具有相同的属人要素时，更是如此。因此，《涉外民事关系法律适用法》第44条将当事人共同经常居所地法确立为一般侵权责任法律适用的补充规则，正是基于当事人共同经常居所地国具有相关规制利益。第45条将被侵权人经常居所地法确立为产品责任法律适用的基本规则，亦是因为被侵权人经常居所地国对产品责任不仅具有相关规制利益，而且相比侵权行为地国的规制利益，被侵权人经常居所地国的规制利益最为相关。第46条将人格权侵权责任的法律适用规则明确规定为被侵权人经常居所地法，经济学原理亦是如此。

（三）我国涉外侵权领域属地法和属人法规定的立法不足

我国涉外侵权在属地法规定方面存在的不足体现为侵权行为地法未作进一步界定，在属人法规定方面存在的不足体现为侵权属人法连结点限于经常居所存有漏洞。

---

① Kaczmarek v. Allied Chemical Corp. ,936 F. 2d 1055,1058(7th Cir. 1988).
② 亨利·巴迪福. 国际私法各论 [M]. 曾陈明汝，译，台湾：正中书局，1979：255.

1. 侵权行为地法未作进一步界定

对于一项侵权行为而言，侵权行为实施地和侵权结果发生地有可能处于同一法域，也有可能分处不同法域。当二者分处不同法域时，如何界定侵权行为地成为法律适用的首要前提。《涉外民事关系法律适用法》第44条仅规定侵权责任适用"侵权行为地法"，但对于侵权行为地具体指向侵权行为实施地还是侵权结果发生地却没有规定。弗里德里希·K.荣格（Friedrich K. Juenger）曾指出："冲突规范不能是提出问题的，而必须是向问题提供答案的规范。"① 《最高人民法院关于贯彻执行〈中华人民共和国民法通则若干问题的意见〉（试行）》第187条曾规定："侵权行为地的法律包括侵权行为实施地法律和侵权结果发生地法律。如果两者不一致时，人民法院可以选择适用。"但是根据《涉外民事关系法律适用法》第51条的规定，《民法通则》第146条已被《涉外民事关系法律适用法》取代，该条司法解释已无法适用；即使可以适用，交由法院选择，对当事人而言，也是无法预见所要适用的法律的。

从经济学视角分析，可预见性是侵权法发挥预防威慑效能的基本前提，在侵权法律适用领域更是如此。行为人能否通过一国侵权法律适用规则事先预测所要适用的法律以及法律内容，关系到行为人对避免事故发生采取何种程度的注意水平和行为水平。如果行为人事先知晓所要适用的法律，便可以事先预期从事侵权行为所要花费的成本和收益，就会为降低事故成本而调整自己的行为，从而最终选择以较低的成本采取准据法规定的注意水平和行为水平。然而，如果一项侵权法律适用规则准据法指向不明或者交由法院选择准据法，对当事人而言，结果都是无法预见所要适用的法律，侵权法律

---

① 殷俊. 侵权责任法律适用中较好的法理论批判性辨析[J]. 广州大学学报（社会科学版），2014（1）：49.

适用规则的预防威慑效能根本无从谈起，为此，应对侵权行为地法作进一步界定。

2. 侵权属人法连结点限于经常居所存有漏洞

属人法连结点包括国籍、住所和经常居所。国籍和住所分别是大陆法系国家和英美法系国家确定属人法的最主要连结点。但晚近二者受到了强烈批判，为此，国际社会引入了"惯常居所"，我国在制定《涉外民事关系法律适用法》时将其确定为"经常居所"。属人法三个连结点各有利弊，其中，国籍连结点容易确定，有利于节约司法成本，提高司法效率，但是遇多重国籍者、无国籍者或复合法域国时却无法适用。在这种情况下，较国籍连结点，住所连结点是确立准据法更为可行的方法，但是住所连结点不仅要求具有居住的事实，还要求具有长久居住的意图，而证明内心意图需要花费更大的经济成本和时间成本，难免影响司法效率。经常居所连结点不要求具有长久居住的意图，只要有一定时间范围内居住的事实即可，且在既定的时间段内更能体现拥有该经常居所的自然人同其所在地国的实际联系，从而更有利于经济安全的保障。[①] 但是，对于经常居所到底是一个事实问题还是法律问题，各国之间却存有争议。

侵权法律适用领域采用属人法连结点的经济学意义，在于确保侵权当事人基于此类连结点所隶属的国家在调整侵权行为方面的规制利益得以实现。一般来说，一项侵权行为可能涉及国籍国、住所地国和经常居所地国的规制利益，但是我国《涉外民事关系法律适用法》第44、45、46条规定的侵权属人法连结点却仅限于经常居所，未能将国籍国和住所地国的规制利益考虑在内。虽然立法可以对相关价值进行取舍，《涉外民事关系法律适用法》将侵权属人法连结点限于经常居所，说明该法于立法时已对涉及的国籍国、住所地

---

① 黄栋梁. 属人法连结点的适用比较 [D]. 湖南：湖南师范大学，2012：164.

国和经常居所地国之规制利益做了选择。但是，笔者认为，侵权行为情况各异，属人法各连结点所在国在调整侵权行为方面的规制利益孰轻孰重，有赖于司法实践侵权个案的具体分析，立法层面不宜采取摈弃其他属人法连结点，仅规定单一连结点的模式。

（四）对我国涉外侵权领域属地法和属人法规定的完善建议

1. 进一步界定侵权行为地法

当侵权行为实施地和侵权结果发生地分处不同法域时如何确定侵权准据法，除了上述我国民法通则司法解释规定的由法院选择这种立法模式之外，各国立法例主要存在适用侵权行为实施地法、适用侵权结果发生地法和由被侵权人选择三种模式。正如诺伊豪斯（P. H. Neuhaus）所指出的："被准据的法秩序不是先由法官来决定，而应当由当事人在事先得以或者必须凭之预见到准据法的标准来确定。当事人在为系争的法律行为时得以已知的事项作为标准是最为理想的……或者当事人至少应当在诉讼被提起或者应诉之前取得可以预测的机会。"[①] 可预见性标准应该成为基于经济学分析确定侵权准据法的首要标准，那么，首先就由法院选择这种模式而言，前已述及其无法满足可预见性标准的要求，所以不应成为确定侵权行为地法的备选模式。

然而，对侵权行为双方当事人而言，侵权行为实施地和侵权结果发生地却又具有不同程度的可预见性，其中，侵权行为实施地更易于为侵权人所预见，而侵权结果发生地更易于为被侵权人所预见，由此可以认定，侵权行为实施地法侧重于保护侵权人的可预见性，而侵权结果发生地法则侧重于保护被侵权人的可预见性。可预见性问题强调的是对侵权行为的预防和抑制，因为侵权行为发端于侵权

---

① 殷俊. 侵权责任法律适用中较好的法理论批判性辨析［J］. 广州大学学报（社会科学版），2014（1）：49.

人行为，所以侵权行为的预防和抑制更依赖于对侵权人的威慑，在这个意义上，侵权行为地法的界定应更加侧重于对侵权人可预见性的保护，即应将保护侵权人的可预见性作为界定侵权行为地法的首要考虑因素。由此分析，由被侵权人选择的立法模式虽然保护了被侵权人的可预见性，但却忽略了对侵权人可预见性的考虑，所以也不属于经济学意义上确定侵权行为地法的适当模式。

威利斯·里斯（Willis L. M. Reese）指出："就侵权行为而言，存在两条基本政策，即侵害行为的抑制及被侵害的原告的补偿。"[①] 侵权法律适用规则的制定，不仅以预防侵权为目的，还要确保被侵权人得到补偿，为此，在可预见性标准之外，还应将保护被侵权人这一标准考虑在内。当侵权行为实施地的保护标准过低，而且侵权人明知或应知损害结果发生在另一地时，如果一味要求适用侵权行为实施地法，不仅难以补偿被侵权人，对被侵权人难免造成不公，而且还会造成对侵权人的威慑不足，难以预防侵权行为的发生。综上，笔者建议将《涉外民事关系法律适用法》第44条关于侵权行为地法的规定修改为："侵权责任，适用侵权行为实施地法，当侵权行为实施地的保护标准过低且侵权人在从事侵权行为时预见到或者应当预见到侵权结果发生在另一地时，适用侵权结果发生地法。"

2. 采取多元选择制的属人法连结点模式

在属人法连结点的确立上，有的国家采取的是单一选择制的立法模式，有的国家采取的是多元选择制的立法模式。与单一选择制相比，多元选择制具有如下两方面的优势：其一，单一选择制无论选择哪一个属人法连结点，都无法避开该连结点存在的弊端，而多元选择制可以根据案情从中选择适合的连结点，从而可以避开其他

---

[①] Willis L. M. Reese. Choice of Law in Torts and Contracts and Directions for the Future [J]. Colum. J. Transnatl L,1977(16).

连结点存在的弊端；其二，单一选择制还可能面临因连结点欠缺而导致准据法无法确定的问题。比如，根据《涉外民事关系法律适用法》第45条的规定，人格权侵权责任适用被侵权人经常居所地法，如果在具体案件中，被侵权人经常居所不能确定，此时应依何种连结点来确定应适用的准据法？这必将是司法实践中难以避开的立法缺漏问题，采取多元选择制将不会出现此种问题。并且，当前大多数国家的国际私法立法中，一般都反对采取单一选择制原则，而往往采取的是根据不同的情况适用不同的方法采用不同的连结点的多元选择制原则。① 与此相比，我国《涉外民事关系法律适用法》却一改以前侵权属人法连结点多样化的状况，将经常居所确立为唯一的属人法连结点，有失妥当。在多元选择制的具体适用方法上，因立法层面难以衡量国籍国、住所地国、经常居所地国之规制利益的优先顺序，所以不宜采取以其中一个连结点为主、以其他连结点为补充的做法，而应将国籍、住所、经常居所作为并列的连结点予以任意选择适用。

## 第三节 小结

本章对于《侵权责任法》规定的侵权实体法规则和《涉外民事关系法律适用法》规定的侵权法律适用规则，首先阐释了规则确立之经济学原理，然后从经济学视角分析了立法不足，最后提出完善建议。

关于侵权实体法规则，区分预防性侵权责任和补偿性侵权责任，从立法体现、经济学评析、立法不足和完善建议四个方面进行阐述。

---

① 黄栋梁. 属人法连结点的适用比较 [D]. 湖南：湖南师范大学，2012：203.

就预防性侵权责任而言，笔者认为停止侵害、排除妨碍、消除危险属于具有财产规则性质的预防性侵权责任，此类侵权责任可以对预防损害产生有效威慑。这是因为，在此类侵权责任之下，侵害人和受害人能否达成协议取决于受害人，基于受害人在交易过程中处于谈判优势并且是否能够达成协议具有不确定性，潜在侵害人为了避免损害发生就会采取有效的注意水平和行为水平。预防性侵权责任存在的立法不足表现为归责事由不全、归责原则不明和构成要件模糊三个方面，与此相对应的完善建议分别为扩大预防性侵权责任的适用至发生中的侵害，确立严格责任为预防性侵权责任的归责原则，明晰预防性侵权责任"三要素"构成要件。

补偿性侵权责任则从归责原则和损害赔偿两个方面进行分析。其中，关于归责原则，《侵权责任法》确立了以过错责任为基本归责原则，以严格责任为例外归责原则的二元归责体系。过错责任归责原则对侵害人和受害人均能发挥有效的预防激励，《侵权责任法》将其确立为基本归责原则符合经济学原理。在侵害人和受害人均能采取预防的情况下，损失应当由能以最低成本采取预防以避免事故发生的一方承担。所以对于适用过错责任的双方事故而言，当侵害人和受害人各自的预防成本均低于预期事故损失时，还需要将侵害人和受害人存在过错的程度进行对比分析，当侵害人的过错大于受害人过错时，说明侵害人本来能够以较低的预防成本避免事故的发生，即其属于较低成本避免者，那么此时应由他承担损失。相反，如果受害人的过错大于侵害人过错时，说明受害人本来能够以较低的成本避免事故的发生，即其属于较低成本避免者，那么此时他应当承担损失。我国《侵权责任法》第26条"被侵权人对损害的发生也有过错的，可以减轻侵权人的责任"和第27条"损害是因受害人故意造成的，行为人不承担责任"就是关于比较过错责任的具体规定。

关于严格责任归责原则，不论侵害人是否存在过错，均要求侵害人承担侵权责任，主要是因为相较受害人而言，侵害人有预防此类侵权事故发生的优势，基于严格责任在侵害人采取预防措施的单方事故中可以发挥最优预防激励的经济学原理，确定适用严格责任的侵权类型，关键在于审查其是否具有明显的侵害人一方预防即可避免事故发生的单方预防性。一般认为，《侵权责任法》规定的适用严格责任的主要侵权类型，均具有侵害人一方预防即可避免事故发生的单方预防性。但是，假如当某类具有明显单方预防性的侵权行为存在双方预防的可能时，因严格责任对受害人无法发挥激励，结果就是，可能丧失了受害人能以优势地位避免事故损害的可能。因此，对于一项特定侵权行为，因其具有明显的单方预防性而适用严格责任时，如果在存在双方预防可能的情况下受害人却没有采取合理预防而致存在过错的，应适用具有比较过错抗辩的严格责任归责原则。《侵权责任法》第70、71、72、73、76条规定的高度危险物侵权，第48条规定的机动车交通事故责任、第66条规定的环境污染责任以及第78条规定的饲养动物损害责任，均是严格责任下适用比较过错抗辩的重要情形。

归责体系存在的立法不足，在过错责任方面表现为未区分故意侵权和过失侵权，在严格责任方面表现为比较过错的适用情形存在立法缺漏，即对于那些没有特别规定适用比较过错的严格责任侵权类型而言，是否可以依据《侵权责任法》第26条或者第27条的规定适用比较过错没有作出明确规定。针对立法不足，笔者提出的完善建议分别为，过错责任除了在《侵权责任法》总则部分明确规定包含故意侵权和过失侵权两种形态之外，还应在故意侵权责任的构成标准方面予以放宽，损害赔偿范围方面予以加重，从而可以确保达到侵权法律制度对故意侵权的有效威慑；严格责任比较过错的适用，笔者认为应取决于法律的特别规定。同一章中的侵权行为，有的条文明确规定了适用比较过错的具体情形，有的没有规定，那么没有规定的，则不能适用《侵权责任法》第26条和第27条的规定。同一章中的侵权行为，均未规定适用比较过错的有关情形，则应考虑增加一些比较过错适用情形的规定。

关于损害赔偿，适当的赔偿数额是侵权法发挥预防功能的重要方面。可替代损害利用替代品的市场价值确定赔偿数额，这种确定方法在经济学上被称为无差异完全赔偿标准。人身损害因为不存在一个可供参考的市场替代品，其赔偿标准往往是不完全的。因此，对人身损害而言，应将重点放在预防损害的发生上。正是因为人身损害赔偿标准具有不完全性，所以侵害行为的负的外部性无法达到完全内部化。那么，在人身损害赔偿问题上，就应引入精神损害赔偿，严重侵权行为，还应考虑增加惩罚性损害赔偿，以此增加侵害人成本，激励侵害人采取较高水平的预防。

损害赔偿的立法不足主要体现在人身损害赔偿方面，存在赔偿项目不完备和赔偿标准不明确的问题。第22条虽然将精神损害赔偿规定为人身损害赔偿体系中的一个独立项目，但是在适用范围的规定方面却存在两点不足：其一，将赔偿范围限定为"严重精神损害"，无法发挥权利创设功能，精神损害赔偿独立地位必然受到削弱；其二，被侵权人死亡情形下近亲属的精神损害赔偿问题没有涉及。第47条虽然规定了惩罚性损害赔偿金，但却仅限于缺陷产品致人死亡或健康严重损害的情形。关于残疾赔偿金和死亡赔偿金的计算标准，《侵权责任法》的规定缺乏实际意义。关于精神损害赔偿和惩罚性损害赔偿，《侵权责任法》没有对具体赔偿方法和计算标准作出明确规定。

关于完善建议，在赔偿项目问题上，笔者认为精神损害赔偿不应囿于"严重精神损害"，且应规定致人死亡情形下被侵权人近亲属的精神损害赔偿问题。应将惩罚性损害赔偿扩大为一般适用，同时对惩罚性损害赔偿金增加适当限制。在赔偿标准问题上，针对残疾赔偿金，笔者综合"所得损失说"和"劳动能力丧失说"二者优势，引入"未来预期损失说"，并提出在以后制定司法解释时应将虽未造成残疾但丧失劳动能力的情况纳入赔偿范围。针对死亡赔偿金，笔者赞同以死者未来预期收入为标准进行计算。精神损害赔偿则赞同按照地域经济发展水平确定一般限额，将其分成低、中、高三类不同档次，然后在相应的档次内衡量侵权人过错程度、侵害具体情节、侵权行为后果、侵权人获利情况以及受诉法院所在地平均生活水平等因素，最后确定具体赔偿数额。惩罚性损害赔偿金选择比例性原则更为合理，即以补偿性损害赔偿金为基数，将惩罚性损害赔偿金限制在补偿性损害赔偿金的一定比例范围之内。

关于侵权法律适用规则，围绕当事人意思自治原则的限制性引入、属地法和属人法的顺序化处理两条主线，分别从效率视角和规制视角进行分析。关于当事人意思自治原则，当事人在作出何国法律为准据法的选择时，实现其本人效用最大化必然是首要考量因素，如此必然能够避开那些无效率的侵权实体法，确保更有效率的侵权实体法得以适用，这不仅有利于降低交易成本和诉讼成本，而且有利于实现国家之间的帕累托最优。但是，当事人在进行法律选择时，通常只会顾及个人利益，对于其选择的法律对第三人乃至对社会产生的负面效用不予考虑。如果当事人选择的法律会给第三方乃至具有规制利益的相关国造成负的外部性，就不利于实现社会福利最大化。所以，一般要求对当事人选择法律给予相应限制。立法不足表现为将协议选择侵权准据法限于事后欠缺合理性，为此，笔者提出应取消协议选择侵权准据法的时间限制。

关于属地法和属人法的顺序化处理，是否选择一项连结点以及在多个连结点之间如何确定主次顺序，在于考察该连结点是否具有相关规制利益以及规制利益大小。在涉外侵权法律适用领域，是选择属地法为主，还是选择属人法为主，亦是权衡二者在涉外侵权问题上的规制利益孰大孰小。我国《涉外民事关系法律适用法》关于属地法和属人法的顺序化处理，经济学原理亦是如此。立法不足在属地法方面体现为侵权行为地法未做进一步界定，《涉外民事关系法律适用法》第44条仅规定侵权责任适用"侵权行为地法"，但对于侵权行为地具体指向侵权行为实施地还是侵权结果发生地却没有规定。在属人法方面体现为侵权属人法连结点限于经常居所存有漏洞。侵权行为情况各异，属人法各连结点所在国在调整侵权行为方面的规制利益孰轻孰重，有赖于司法实践侵权个案的具体分析，立法层面不宜采取摈弃其他属人法连结点，仅规定单一连结点的模式。关于完善建议，在属地法问题上，笔者建议将《涉外民事关系法律适用法》第44条关于侵权行为地法的规定修改为："侵权责任，适用侵权行为实施地法，当侵权行为实施地的保护标准过低且侵权人在从事侵权行为时预见到或者应当预见到侵权结果发生在另一地时，适用侵权结果发生地法。"在属人法问题上，则认为应采取多元选择制的属人法连结点模式，将国籍、住所、经常居所作为并列的连结点予以任意选择适用。

## 结 论

笔者在对侵权法经济学分析相关文献进行综述的前提下，通过对与侵权法分析相关的法经济学理论基础和研究方法的简要介绍，明确了本书的方法论，然后运用法经济学的这些理论和方法对侵权行为的构成要件、归责原则、损害赔偿和法律适用四个核心内容逐一展开分析，最后利用前文分析结论，对我国侵权法律制度进行经济学阐释，并从经济学视角分析立法不足，提出完善建议。笔者通过对上述侵权领域四个核心内容的分析，得出如下结论：

第一，关于侵权行为构成要件，就损害而言，在侵权责任确定机制方面，以受害人损失为基础确定侵权责任优于以侵害人收益为基础确定侵权责任。关于事前安全规制和事后损害责任的优劣性，如果仅考虑到相关主体所掌握的与损害有关的信息存在不对称这一因素，事前安全规制和事后损害责任各有优劣。但是，如果考虑到现实中存在侵害人可能无力承担损害责任和（或）侵害人可能不会被提起诉讼的情况时，事前安全规制要优于事后损害责任。在管理成本方面，事后损害责任却优于事前安全规制。

通过对因果关系进行分析，笔者得出了如下结论：为了获得最优的注意水平，需要施加一种因果关系限制：在过错责任归责原则下，侵害人被引导采取合理注意以避免责任，对于责任范围毫不关心。在严格责任归责原则下，只要责任范围包含了这种侵害人的注意和损害后果之间存在必要因果关系的现实世界状态，那么，对于侵害人就会产生采取注意的最优激励。为了解决因果关系中的不确定性问题，应该将最低几率标准和比例责任标准结合起来，设置"不确定性责任"，即对于事故原因不确定的损害所施加的一种责任，损害的原因要么是引起不确定性问题出现的行为人，要么是有最好的机会避免不确定性问题出现的行为人。此外，如果侵害人不能预见损害后果，那么其就不是最低成本避免者。当损失发生几率系统地被低估时，要求侵害人承担全部损失的赔偿责任无法增加对注意的激励，所以那些发生几率很可能被侵害人予以低估的事故应排除在责任范围之外。

关于过错，过错要件限定了行为人应采取预防措施的适当水平。如果行为人采取预防的水平过低，则被认定为存在过错，从而构成侵权。如果行为人采取的预防水平等于或高于预防的适当水平，那么行为人就被认定为尽到了合理注意义务，从而没有构成侵权。

第二，关于侵权行为归责原则，笔者基于预防激励视角对侵权行为归责原则进行了分析，通过分析笔者发现，在对注意水平的激励方面，单方事故中，如果只有受害人能够采取预防措施，无责任归责原则提供了有效预防的激励机制，如果只有侵害人能够采取预防措施，严格责任归责原则提供了有效的激励机制。但是无责任归责原则和严格责任归责原则均不能实现对侵害人和受害人双方都产生采取有效预防的激励，即无责任归责原则和严格责任归责原则在双方事故中不是最优的选择。在双方事故中,过错责任归责原则因其能够为侵害人和受害人双方提供有效的激励机制,而成为最优的归责原则。

关于对行为水平的预防激励作用,在无责任归责原则下,侵害人会选择去从事过高的行为水平,受害人会选择从事最优的行为水平。在过错责任归责原则下,不论属于何种过错责任形态,侵害人会被引导着从事过高的行为水平,受害人会被引导着从事最优的行为水平。在严格责任归责原则以及具有比较过错抗辩的严格责任归责原则下,侵害人会选择从事最优的行为水平,受害人会选择从事过高的行为水平。

第三,关于侵权损害赔偿,在补偿性损害赔偿方面,笔者区分可替代损害和不可替代损害,基于不同的视角分别分析了各自所应采用的最优损害赔偿规则。对于可替代损害,笔者基于威慑和效率两个视角进行分析,笔者认为完全损害赔偿规则可以满足威慑的目的,但是能否达到效率最优因所采用的归责原则不同而有所不同:采用过错责任归责原则时取决于初始权利分配,采用严格责任归责原则时可以达到效率最优。对于不可替代损害,笔者基于威慑、效率和风险分散三个视角进行分析,笔者认为,最优的损害赔偿规则依赖于初始权利分配,通过生命价值评估,同时考虑受害人支付意愿度和受害人接受意愿度,应采用依事前评估的生命价值确定事后损害赔偿金额的方法来确定不可替代损害的赔偿金额。为了能够确保同时发挥有效威慑和风险分散两个效能,应将侵害人的责任从受害人利益的恢复中分离出来,以事前赔偿金为基础确定侵害人的赔偿责任,并将最终确定的损害赔偿金分成两部分:一是要求侵害人支付一笔金额等于伤害的保险价值的赔偿金以确保受害人利益得以恢复;二是为了达到最优威慑的效果,向侵害人施加一种罚款,要求其向国家交纳一笔额外的费用。

笔者在该章最后分析了惩罚性损害赔偿金存在的经济合理性：一是通过引导受害人积极追偿而达到对侵害人从事侵权行为的最优威慑；二是校正损失计算错误所致的补偿不足；三是制止侵害人从事获得违法效用的侵权行为；四是鼓励市场交易；五是基于惩罚侵害人的目的。

第四，关于侵权法律适用，笔者认为，从私人视角分析，应选择适用有利于实现事故成本最小化的那个国家的法律作为侵权准据法。从国家视角分析，应选择适用能够实现内国实体政策和规制利益最大化的法律作为侵权准据法。在侵权行为地法和当事人共同住所地法的选择问题上，笔者认为应坚持以侵权行为地法为基础，当当事人具有共同住所地时可以考虑采用当事人共同住所地法。在当事人意思自治问题上，笔者赞同采用有限的当事人意思自治原则。

总之，笔者在本书中力求以一种全新的视角，即采用法经济学的基本理论和分析工具对侵权法进行全面系统的分析和论证，解释相关侵权法律规则存在的经济合理性，并在此基础上，运用侵权法经济学分析结论对我国侵权法律制度进行评析，分析立法不足，提出完善建议。

侵权法是法经济学研究的重要领域，几十年来，国外法经济学学者对侵权法的分析已经涵盖其各个重要内容，笔者虽然在本书中对侵权法进行了系统的经济学分析，研究内容也涉及了侵权的核心问题，但是这并不意味着对侵权法进行经济学分析已经走到尽头，笔者认为，以后对侵权法进行经济学分析应该更多地将视野放在对侵权法律制度建设的实用价值上，提出有用的建议以促进我国侵权法律制度的完善，以求充分发挥侵权法律制度对社会的促进作用。

# 参考文献

一、中文类

（一）著作

［1］卡尔·马克思. 资本论（第1卷）［M］. 北京：人民出版社，1995.

［2］亚当·斯密. 国民财富的性质和原因的研究［M］. 北京：商务印书馆，1981.

［3］马歇尔. 经济学原理［M］. 北京：商务印书馆，1981.

［4］边沁. 道德与立法原理导论［M］. 时殷弘，译. 北京：商务印书馆，2000.

［5］曼昆. 经济学原理［M］. 北京：北京大学出版社，1999.

［6］理查德·A. 波斯纳. 法理学问题［M］. 北京：中国政法大学出版社，1994.

［7］理查德·A. 波斯纳. 法律的经济分析（上下）［M］. 蒋兆

康，译. 北京：中国大百科全书出版社，1997.

[8] 罗伯特·D.考特，托马斯·S.尤伦. 法和经济学［M］. 施少华，姜建强，等，译. 上海：上海财经大学出版社，2002.

[9] 罗宾·保罗·麦乐怡. 法与经济学［M］. 孙潮，译. 杭州：浙江人民出版社，1999.

[10] 大卫·D.弗里德曼. 经济学语境下的法律规则［M］. 杨欣欣，译. 北京：法律出版社，2004.

[11] 道格拉斯·G.拜尔，罗伯特·H.格特纳，兰德尔·C.皮克. 法律的博弈分析［M］. 严旭阳，译. 北京：法律出版社，1999.

[12] 尼古拉斯·麦考罗，斯·G.曼德姆. 经济学与法律——从波斯纳到后现代主义［M］. 朱慧，吴晓露，潘晓松，译. 北京：法律出版社，2005.

[13] 斯蒂文·萨维尔. 事故法的经济分析［M］. 翟继光，译. 北京：北京大学出版社，2004.

[14] 威廉·M.兰德斯，理查德·A.波斯纳. 侵权法的经济结构［M］. 王强，杨媛，译. 北京：北京大学出版社，2005.

[15] 盖多·卡拉布雷西，菲利普·伯比特. 侵权损害赔偿［M］. 徐品飞，张玉华，肖逸尔，译. 北京：北京大学出版社，2005.

[16] 盖多·卡拉布雷西. 事故法的成本［M］. 毕竞悦，陈敏，宋小维，译. 北京：北京大学出版社，2008.

[17] 唐纳德·A.威特曼. 法律经济学文献精选［M］. 苏力，等，译. 北京：法律出版社，2006.

[18] 克雷斯蒂安·冯·巴尔. 欧洲比较侵权行为法［M］. 张新宝，等，译. 北京：法律出版社，2001.

[19] 文森特·R.约翰逊. 美国侵权法［M］. 赵文秀，等，译. 北京：中国人民大学出版社，2004.

[20] 藤仓皓一郎. 英美判例百选［M］. 段匡，杨永庄，译. 北

京：北京大学出版社，2005.

［21］徐爱国. 哈佛法律评论·侵权法学精粹［M］. 北京：法律出版社，2005.

［22］乌戈·马太. 比较法律经济学［M］. 沈宗灵，译. 北京：北京大学出版社，2005.

［23］弗里德里希·卡尔·冯·萨维尼. 法律冲突与法律规则的地域和时间范围——现代罗马法体系（第8卷）［M］. 李双元，张茂，吕国民，等，译. 北京：法律出版社，1999.

［24］J. H. C. 莫里斯. 戴西和莫里斯论冲突法（上中下）［M］. 李双元，胡振杰，杨国华，等，译. 北京：中国大百科全书出版社，1998.

［25］张乃根. 经济学分析法学［M］. 上海：上海三联书店，1995.

［26］陈国富. 法经济学［M］. 北京：经济科学出版社，2006.

［27］钱弘道. 经济分析法学［M］. 北京：法律出版社，2003.

［28］张乃根. 法经济学——经济学视野里的法律现象［M］. 北京：中国政法大学出版社，2003.

［29］周林彬. 法律经济学论纲［M］. 北京：北京大学出版社，1998.

［30］冯玉军. 法经济学范式［M］. 北京：清华大学出版社，2009.

［31］张维迎. 博弈论与信息经济学［M］. 上海：上海三联书店，2004.

［32］谢地. 政府规制经济学［M］. 北京：高等教育出版社，2003.

［33］张维达，宋冬林，谢地. 社会主义市场经济导论［M］. 长春：吉林大学出版社，2004.

［34］林立. 波斯纳与法律经济分析［M］. 上海：上海三联书店，2005.

[35] 张文显. 法学基本范畴研究 [M]. 北京：中国政法大学出版社，1993.

[36] 张文显. 二十世纪西方法哲学思潮研究 [M]. 北京：法律出版社，1997.

[37] 张文显. 法理学论丛（第3卷）[M]. 北京：法律出版社，2002.

[38] 苏力. 法治及其本土资源 [M]. 北京：中国政法大学出版社，1999.

[39] 沈宗灵. 现代西方法理学 [M]. 北京：北京大学出版社，1992.

[40] 王成. 侵权损害赔偿的经济分析 [M]. 北京：中国人民大学出版社，2002.

[41] 黄文平、王则柯. 侵权行为的经济分析 [M]. 北京：中国政法大学出版社，2005.

[42] 杨立新. 侵权法论 [M]. 北京：人民法院出版社，2004.

[43] 杨立新. 侵权司法对策 [M]. 北京：人民法院出版社，2005.

[44] 杨立新. 侵权行为法案例教程 [M]. 北京：中国政法大学出版社，1999.

[45] 王泽楷. 侵权行为法（第2册）[M]. 台湾：三民书局，2006.

[46] 王利明. 侵权行为法归责原则研究 [M]. 北京：中国政法大学出版社，1992.

[47] 王利明. 民法典·侵权责任法研究 [M]. 北京：人民法院出版社，2003.

[48] 徐爱国. 英美侵权行为法 [M]. 北京：法律出版社，1999.

[49] 李响. 美国侵权法原理及案例研究 [M]. 北京：中国政法

大学出版社，2004.

[50] 潘维大. 英美侵权行为法案例解析 [M]. 北京：高等教育出版社，2005.

[51] 李浩培. 李浩培文选 [M]. 北京：法律出版社，2000.

[52] 李双元. 国际私法（冲突法篇）[M]. 武汉：武汉大学出版社，1999.

[53] 刘铁铮. 国际私法论丛 [M]. 台湾：三民书局，1984.

[54] 李双元. 市场经济与当代国际私法趋同化问题研究 [M]. 武汉：武汉大学出版社，1994.

[55] 李双元，徐国建. 国际民商新秩序的理论建构——国际私法的重新定位与功能转换 [M]. 武汉：武汉大学出版社，1998.

[56] 韩德培. 国际私法 [M]. 北京：高等教育出版社，2000.

[57] 吕岩峰. 吕岩峰论国际法 [M]. 长春：吉林人民出版社，2005.

[58] 周枏. 罗马法原论 [M]. 北京：商务印书馆，2002.

[59] 王利明. 民法（第4版）[M]. 北京：中国人民大学出版社，2008.

[60] 最高人民法院侵权责任法研究小组.《中华人民共和国侵权责任法》条文理解与适用 [M]. 北京：人民法院出版社，2010.

[61] 王胜明. 中华人民共和国侵权责任法解读 [M]. 北京：中国法制出版社，2010.

[62] 杨立新. 侵权损害赔偿（第5版）[M]. 北京：法律出版社，2010.

[63] 王军. 侵权损害赔偿制度比较研究 [M]. 北京：法律出版社，2011.

[64] 曾隆兴. 详解损害赔偿法 [M]. 北京：中国政法大学出版社，2004.

［65］高圣平. 中华人民共和国侵权责任法立法争点、立法例及经典案例［M］. 北京：北京大学出版社，2010.

［66］杨春学. 经济人与社会秩序分析［M］. 上海：上海三联书店，上海人民出版社，1998.

［67］李永军. 合同法［M］. 北京：法律出版社，2004.

［68］赫伯特·A. 西蒙. 管理行为——管理组织决策过程的研究［M］. 北京：北京经济学院出版社，1988.

［69］马丁·沃尔夫. 国际私法（第2版）［M］. 李浩培，汤宗禹，译. 北京：北京大学出版社，2009.

［70］亨利·巴迪福. 国际私法各论［M］. 曾陈明汝，译. 台湾：正中书局，1979.

（二）期刊

［1］方福前. 当代西方公共选择理论及其三个学派［J］. 教学与研究，1997（10）.

［2］秦海. 法与经济学的起源和方法论［J］. 比较，2003（5）.

［3］刘水林. 法律经济分析方法论的一个研究提纲［J］. 法律科学，2003（2）.

［4］乔洪武，乔红军. 亚当·斯密的法学思想评介［J］. 法学评论，2001（4）.

［5］谢鹏程. 马克思主义法学经济分析方法的形成和发展［J］. 烟台大学学报（哲学社会科学版），1993（4）.

［6］王建. 科斯定理的法学评析［J］. 高校理论战线，1994（6）.

［7］韩丽. 马克思与波斯纳的经济分析法运用比较［J］. 政治与法律，2002（1）.

［8］王育才. 法律经济学初探［J］. 法学研究，1994（5）.

［9］孙林. 法律经济学若干问题述要［J］. 经济法制，1995（6）.

［10］易宪. 法律经济学及其理论创新［J］. 中国社会科学院研

究生院学报，1996（5）．

［11］张乃根．波斯纳的经济分析法学［J］．外国法研究，1998（3-4）．

［12］冯玉军．法律的交易成本分析［J］．法制与社会发展，2001（6）．

［13］吴清彬．法律经济学述评［J］．中国人民公安大学学报，1997（3）．

［14］王哲．效益与公平之间——波斯纳的法律经济学思想评析［J］．北京大学学报（哲学社会科学版），1999（3）．

［15］张建伟．新法律经济学：理论流派与反思性评论［J］．财经研究，2000（9）．

［16］钱弘道．法律经济学的理论基础［J］．法学研究，2002（4）．

［17］时显群．西方经济分析法学在中国［J］．现代法学，2002（1）．

［18］李树．法律经济学：经济学帝国主义的重要表现［J］．当代财经，2003（1）．

［19］冯玉军．法经济学范式的知识基础研究［J］．中国人民大学学报，2005（4）．

［20］冯玉军．法经济学范式研究及其理论阐释［J］．法制与社会发展，2004（1）．

［21］魏建．法经济学分析范式的演变及其方向瞻望［J］．学术月刊，2006（7）．

［22］杜莉，高振勇．法经济学释义及其辨析［J］．吉林大学社会科学学报，2006（5）．

［23］郭振杰，刘洪波．经济分析法学方法论的贡献及局限［J］．现代法学，2005（3）．

［24］钱弘道．法律的经济分析方法评判［J］．法制与社会发展，2005（3）．

［25］钱弘道. 法律的经济分析工具［J］. 法学研究, 2004（4）.

［26］钱弘道. 关于对法律进行经济分析的三个角度［J］. 法制与社会发展, 2004（3）.

［27］钱弘道. 经济分析法学的几个基本概念阐释［J］. 同济大学学报（社会科学版）, 2005（4）.

［28］周林彬. 从法学的不自足到法律经济学的推进——兼论法律经济学课程的设置［J］. 中山大学学报（社会科学版）, 2005（4）.

［29］周林彬. 法律经济学基本范畴探析［J］. 暨南学报（哲学社会科学版）, 2006（5）.

［30］周林彬, 毛杰. 论侵权法的经济分析［J］. 法制与社会发展, 2006（1）.

［31］黄锫. 法律经济学逻辑起点研究——理性选择理论的内涵、反证及其补充［J/OL］. 浙江社会科学, 2007. ［2009 - 08 - 11］. http://article.chinalawinfo.com/Article_Detail.asp?ArticleID = 41787.

［32］茅于轼. 帕累托改进的深刻含义［EB/OL］. ［2009 - 08 - 10］. http://www.china-review.com/sao.asp?id = 3938.

［33］张新生, 陶翀. 试析"经济人假设"的边界问题［J］. 江西社会科学, 2007（9）.

［34］陈振明. 政治与经济的整合研究——公共选择理论的方法论及其启示［J］. 厦门大学学报（哲学社会科学版）, 2003（2）.

［35］何爱平. 马克思经济学与西方经济学方法论比较研究［J］. 经济纵横, 2008（4）.

［36］史晋川. 财产、合同和侵权行为的经济分析［J］. 浙江树人大学学报, 2001（7）.

［37］朱全景. 法经济学：法律的经济分析和经济的法律分析［J］. 法学杂志, 2007（2）.

［38］吴景丽.侵权法归责原则的经济学分析［D］.北京：北京交通大学，2006.

［39］王福友.侵权行为法价值论［D］.长春：吉林大学，2007.

［40］罗君丽.科斯经济思想研究［D］.杭州：浙江大学，2003.

［41］潘晓松.芝加哥大学与法律经济学［D］.杭州：浙江大学，2003.

［42］韩绍飞.关于法律经济学的思考［D］.重庆：西南大学，2007.

［43］王进.经济分析方法在侵权责任认定中的应用研究［D］.北京：中国政法大学，2006.

［44］姜燕.侵权损害赔偿的经济分析［D］.济南：山东大学，2006.

［45］朱莉.国际私法的经济分析［D］.长春：吉林大学，2007.

［46］王彦志.侵权法律选择的法经济学分析［D］.吉林：吉林大学，2010.

［47］孔令杰.冲突法的经济分析［D］.武汉：武汉大学，2005.

［48］黄栋梁.属人法连结点的适用比较［D］.湖南：湖南师范大学，2012.

［49］简资修.法律定性与经济分析——评兰德斯与波斯纳的《侵权法的经济结构》［J］.法制与社会发展，2007（4）.

［50］章建新，张昉.民事侵权责任的法律经济学分析［J］.天津大学学报（社会科学版），2003（10）.

［51］张维迎.作为激励机制的法律——评《侵权损害赔偿的经济分析》［J］.中国人民大学学报，2003（2）.

［52］王利明.美国惩罚性赔偿制度研究［J］.比较法研究，2003（5）.

［53］吕岩峰，朱莉.国际私法与经济分析［J］.社会科学战

线，2007（2）.

［54］龚赛红，王青龙. 论侵权法的预防功能［J］. 求是学刊，2013（1）.

［55］汪洋. 论罗马法上的"潜在损害保证"［J］//费安玲. 学说汇纂（第3卷）. 北京：知识产权出版社，2011.

［56］魏振瀛. 侵权责任方式与归责事由、归责原则的关系［J］. 中国法学，2011（2）.

［57］叶名怡. 侵权法上故意与过失的区分及其意义［J］. 法律科学（西北政法大学学报），2010（4）.

［58］孙鹏，胡建. 死亡损害赔偿额的算定——以法经济学的分析为视角［J］. 学术论坛，2012（11）.

［59］薛军. 人的保护：中国民法典编撰的价值基础［J］. 中国社会科学，2006（4）.

［60］张新宝.《侵权责任法》死亡赔偿制度解读［J］. 中国法学，2010（3）.

［61］徐崇利. 冲突法之本位探讨［J］. 法律科学（西北政法学院学报），2006（5）.

［62］袁艺，毛宁. 从经济理性到有限理性：经济学研究理性假设的演变［J］. 经济学家，2007（2）.

［63］许庆坤. 一般侵权冲突法的正义取向与我国司法解释的制订［J］. 法学家，2013（3）.

［64］殷俊. 侵权责任法律适用中较好的法理论批判性辨析［J］. 广州大学学报（社会科学版），2014（1）.

二、外文类

（一）著作

［1］Smith Adam. The Wealth of Nations［M/OL］.［2009-05-02］.

http://www 2. hn. psu. edu/faculty/jmanis/adam-smith/Wealth-Nations. pdf.

[2] Stigler George. The Theory of Price[M]. New York:Macmillan. , 1966.

[3] Coase R. H. . The Firm, the Market and the Law[M]. Chicago: University Of Chicago Press,1990.

[4] Holmes Oliver Wendell Jr. . The Common Law[M]. Cambridge, Mass:Harvard University Press,1881.

[5] Hirsch WernerZvi. . Law and Economics: An Introductory Analysis [M]. New York and London:Academic Press,1979.

[6] Nicholas Mercu. Law and Economics [C]. Boston: Kluwer Academic Publishers,1989.

[7] Bentham Jeremy. A Fragment on Government and an Introduction to the Principles of Morals and Legislation[M]. W. Harrison ed. . Oxford: Basil Blackwell,1948.

[8] Pigou A. C. . The Economics of Welfare[M]. 4 th ed. . London: Macmillan,1932.

[9] Mercuro Nicholas, Medema Steven G. . Economics and Law: From Posner to Post-Modernism [M]. Pirnceton: Pirnceton University Press, 1997.

[10] Guido Calabresi. The Cost of Accidents:A Legal and Economic Analysis[M]. New Haven:Yale University Press,1970.

[11] Shavell Steven. Economic Analysis of Accident Law [M]. Cambridge,Mass. :Harvard University Press,1987.

[12] Shavell Steven. Economic Analysis of Accident Law[M/OL]. [2009 - 08 - 01] http://www. law. harvard. edu/programs/onlin_center/.

[13] Shavell Steven. Foundations of Economic Analysis of Law[M].

Cambridge,Mass.:The Belknap Press of Harvard University Press,2004.

[14]Wahl Jenny B.. Economic Analysis of Product and Environmental Liability Law[M]. New York:Garland Publishing,2002.

[15] Barnes David W. , Stout Lynn A.. Economic Analysis of Tort Law[M]. New York:West Publishing Company,1992.

[16] Miceli Thomas J.. Economics of the Law:Torts, Contracts, Property,Litigation. [M]. Oxford:Oxford University Press,1996.

[17]Micheal J. Whincop, Mary Keyes. Policy and Pragmatism in the Conflict of Laws[M]. Dartmouth:Publishing Company,2001.

[18] O'Hara Erin A.. Economics of Conflict of Laws [M]. Cheltenharm:Edward Elgar Publishing,2008.

[19]Brilmayer Lea. Conflict of Laws[M]. 4th ed.. Canada:Little Brown & Company Canada Limited,1995.

[20] H. Stoll, Consequences of Liability?: Remedies [M]// International Encyclopedia of Comparative Law, Volume XI, Chapter 8, Martinus Nijhoff Publishers,1983.

[21]Jeffrey L. Harrison. Law and Economics[M]. 北京:法律出版社,2004.

[22] Symeonides Symeon. Territoriality and Personality in Tort Conflicts[M]// Thalla Einhorn, Kurt Siehr. Intercontinental Cooperation Through Private International Law-Essays in Memory of Peter Nygh. Hague:T. M. C. Asser Press,2004.

(二) 期刊

[1]Hovenkamp Herbert. Law and Economics in the United States:a Brief Historical Survey[J]. Cambridge Journal of Economics,1995(19).

[2] Barid Douglas G.. The Future of Law and Economics:Looking Forward[J]. University of Chicago Law Review,1997(64).

［3］Schwintowski Hens-Peter. An Economic Theory of Law［J］. The Journal of Interdisciplinary Economics,2000(12).

［4］Hovenkamp Herbert J.. Rationality in Law & Economics［J］. George Washington Law Review,1991(60).

［5］Kerkmeester Heico. Methodology: General［J］// Boudewijn Bouckaert,Gerrit De Geest. Encyclopedia of Law and Economics (Volume Ⅰ The History and Methodology of Law and Economics). Cheltenham: Edward Elgar Publishing,2000.

［6］Ames James Barr. Law and Morals［J］. Hav. L. Rev. ,1908(111).

［7］Coase R. H.. The Nature of the Firm［J］. Economica,1937,4(16).

［8］Coase R. H.. The Problem of Social Cost［J］. J. Law & Econ. ,1960(1).

［9］Parisi Francesco. Private Property and Social Costs［J］. European Journal of Law and Economics,1995(2).

［10］Terry Herry T.. Negligence［J］. Hav. L. Rev. ,1915,29(40).

［11］Guido Calabresi. Some Thoughts on Risk Distribution and the Law of Torts［J］. Yale L. J. ,1961(70).

［12］Guido Calabresi. Concerning Cause and the Law of Torts: An Essay for Harry Kalven［J］. University of Chicago Law Review, 1975(43).

［13］Diamond Peter A.. Single Activity Accidents［J］. J. Legal Stud. ,1974(3).

［14］Diamond Peter A.. Accident Law and Resource Allocation［J］. Bell J. Econ. & Mgmt. Sci. ,1974(5).

［15］Diamond Peter A. ,James A. Mirrlees. On the Assignment of Liability: The Uniform Case［J］. Bell J. Econ. & Mgmt. Sci. ,1975(6).

［16］Harold Demsetz. Issue in Automobile Accidents and Reparation from the Viewpoint of Economics[J]// Charles O. Gregory, Harry Kalven, Jr.. Cases and Materials on Torts. 2 nd. ed.. Boston: Little, Brown & Company, 1969.

[17] Posner Richard A.. A Theory of Negligence[J]. J. Legal Stud. ,1972(1).

[18] Posner Richard A.. Strict Liability: A Comment[J]. J. Legal Stud. ,1973(205).

[19] Posner Richard A.. Rational Choice, Behavioral Economics, and the Law[J]. Stanford Law Review, 1998(50).

[20] Brown John Prather. Learned Hand Rule[J]// Newman Peter. The New Palgrave Dictionary of Economics and the Law. New York: Stockton Press, 1998.

[21] Brown John Prather. Toward an Economic Theory of Liability [J]. J. Legal Stud. ,1973(2).

[22] Jennifer Arlen. Tort Damages[J]// Boudewijn Bouckaert, Gerrit De Geest. Encyclopedia of Law and Economics(Volume II Civil Law and Economics). Cheltenham: Edward Elgar Publishing, 2000.

[23] Jennifer Arlen. An Economic Analysis of Tort Damages for Wrongful Death[J]. New York University Law Review, 1985(60).

[24] Ben-Shahar Omri. Causation and Foreseeability[J]// Boudewijn Bouckaert, Gerrit De Geest. Encyclopedia of Law and Economics(Volume II Civil Law and Economics). Cheltenham: Edward Elgar, 2000.

[25] Wright Richard W.. Justice and Reasonable Care in Negligence Law[J]. The American Journal of Jurisprudence, 2002(47).

[26] Wright Richard W.. Hand, Posner, and the Myth of the "Hand Formula"[J]. Theoretical Inquiries in Law, 2003(4).

[27] Markovits Richard S.. Tort-related Risk Costs and the Hand

Formula for Negligence[J/OL]. Law and Economics Working Paper No. 036,2004. [2009 - 06 - 25]. http://ssrn.com/abstract = 649724.

[28] Shavell Steven. An Analysis of Causation and the Scope of Liability in the Law of Torts[J]. Journal of Legal Studies,1980(9).

[29] Shavell Steven. Strict Liability Versus Negligence[J]. Journal of Legal Studies,1980(9).

[30] Shavell Steven. On Liability and Insurance[J]. Bell Journal of Economics,1982(13).

[31] Shavell Steven. Liability for Harm Versus Regulation of Safety [J]. J. Legal Study. ,1984(13).

[32] Shavell Steven. A Model of the Optimal Use of Liability and Safety Regulation[J]. Rand Journal of Economics,1984,15(2).

[33] Shavell Steven. Uncertainty Over Causation and the Determination of Civil Liability[J]. Journal of Law & Economics,1985(28).

[34] Shavell Steven. Liability and the Incentive to Obtain Information About Risk[J]. J. Legal Stud. ,1992(21).

[35] Shavell Steven. Liability for Accidents [J]// Polinsky A. Mitchell, Shavell Steven. Handbook of Law and Economics (Volume 1). Amsterdam: Elsevier B. V. ,2007.

[36] Shavell Steven. Economics and Liability for Accidents[J]// Durlauf Steven, Blume Lawrence. 2nd ed. . New Palgrave Dictionary of Economics. Cambridge, Mass. : Harvard Law School,2005.

[37] Kaplow Louis, Shavell Steven. Economic Analysis of Law[J]// Auerbach A. J. , Feldstein M. . Handbook of Public Economics (Volume 3). Amsterdam: Elsevier B. V. ,2002.

[38] Kaplow Louis, Shavell Steven. Accuracy in the Assessment of Damages[J]. Journal of Law and Economics,1996(39).

[39] Polinsky A. Mitchell, Shavell Steven,. Punitive Damages[J]// Boudewijn Bouckaert, Gerrit De Geest. Encyclopedia of Law and Economics(Volume II Civil Law and Economics). Cheltenham: Edward Elgar, 2000.

[40] Polinsky A. Mitchell, Shavell Steven. Should Liability be Based on the Harm to the Victim or the Gain to the Injurer? [J]. Journal of Law, Economics, and Organization, 1994(10).

[41] Polinsky A. Mitchell, Shavell Steven. Punitive Damages: An Economic Analysis[J]. Harvard Law Review, 1998(111).

[42] Polinsky A. Mitchell, Daniel Rubinfeld. The Welfare Implications of Costly Litigation for the Level of Liability[J]. Journal of Legal Studies. 1988, 17(1).

[43] Cooter Robert D.. Prices and Sanctions[J]. Columbia Law Review, 1984(84).

[44] Cooter Robert D.. Economic Analysis of Punitive Damages[J]. Cal. L. Rev., 1983(56).

[45] Cooter Robert D.. Punitive Damages for Deterrence: When and How Much? [J]. Alabama Law Review, 1989, 40(3).

[46] Cooter Robert D.. Punitive Damages, Social Norms, and Economic Analysis[J]. Law and Contemporary Problems, 1997(60).

[47] Cooter Robert D.. Economic Theories of Legal Liability[J]. Jounral Economic Perspectives, 1991(60).

[48] Kaye David H.. The Limits of the Preponderance of the Evidence Standard: Justifiably Naked Statistical Evidence and Multiple Causation [J]. American Bar Foundation Research Journal, 1982(2).

[49] Geistfeld Mark. Economic Analysis in a Unified Conception of Tort Law[J/OL]. NYU, Law and Economics Research Paper No. 04 -

001,2003. [2009 – 02 – 25]. http://repositories. cdlib. org/cgi/viewcontent. cgi? article = 1036&context = boaltwp.

[50]Geistfeld Mark. The Role(s) of Economic Analysis in Tort Law[J/OL]. [2009 – 03 – 01]. http://repositories. cdlib. org/berkeley_law_econ/fall2003/9/.

[51]Geistfeld Mark. Economic Analysis in a Rights-Based Conception of Tort Law[J]. Stanford Law & Economics,2004.

[52] Geistfeld Mark. Efficiency and Fairness in Tort Law[J/OL]. NYU,Law and Economics Research Paper No. 06 – 13,2006. [2009 – 03 – 20]. http://ssrn. com/abstract = 893061.

[53] Schäfer Hans-Bernd. Tort Law: General [J]// Boudewijn Bouckaert,Gerrit De Geest. Encyclopedia of Law and Economics(Volume Ⅱ Civil Law and Economics). Cheltenham: Edward Elgar Publishing, 2000.

[54] Schäfer Hans-Bernd, Schönenberger Andreas. Strict Liability versus Negligence [J]// Boudewijn Bouckaert, Gerrit De Geest. Encyclopedia of Law and Economics (Volume Ⅱ Civil Law and Economics). Cheltenham: Edward Elgar Publishing,2000.

[55]Mattiacci Giuseppe Dari. Tort Law and Economics[J]// Hatzis Aritides. Economic Analysis of Law:A European Perspective. Cheltenham: Edward Elgar Publishing,2008.

[56] Mattiacci Giuseppe Dari, Parisi Francesco. The Economics of Tort Law:A Precis[J/OL]. [2009 – 04 – 05]. http://ssrn. com/abstract_id = 458701.

[57]Mattiacci Giuseppe Dari. On The Optimal Scope of Negligence [J]. Review of Law and Economics,2005,1(3).

[58] Ariel Porat, Alex Stein. Liability for Uncertainty: Making

Evidential Damage Actionable[J/OL]. Cardozo Law Review,1997(18). [2009 - 07 - 06]. http://repositories. cdlib. org/cgi/viewcontent. cgi? article = 1126&context = blewp.

[59] Rossato Andrea. An Economic Analysis of Liability Rules[J/OL]. [2009 - 07 - 26]. http://www. jus. unitn. it/cardozo/Review/Students/neg. html.

[60] Jain Satish K.. On the Efficiency of Negligence Rule[J/OL]. [2009 - 08 - 15]. http://ssrn. com/abstract = 1436588.

[61] Kahan Marcel. Causation and the Incentives to Take Care Under the Negligence Rule[J]. Journal of Legal Studies,1989(18).

[62] McEwin R. Ian. No-Fault Compensation Systems[J]// Boudewijn Bouckaert,Gerrit De Geest. Encyclopedia of Law and Economics(Volume II Civil Law and Economics). Cheltenham: Edward Elgar Publishing, 2000.

[63] Krauss Michael I.. Property Rules Vs. Liability Rules[J]// Boudewijn Bouckaert, Gerrit De Geest. Encyclopedia of Law and Economics(Volume II Civil Law and Economics). Cheltenham: Edward Elgar Publishing,2000.

[64] Perry Ronen. The Economic Bias in Tort Law[J/OL]. University of Illinois Law Review, 2008. [2009 - 04 - 15]. http://ssrn. com/abstract = 1162005.

[65] Hylton Keith N.. Duty in Tort Law: An Economic Approach[J/OL]. Boston Univ. School of Law Working Paper No. 06 - 04,2006. [2009 - 06 - 07]. http://ssrn. com/abstract = 887147.

[66] Miceli Thomas J. , Segerson Kathleen. Do Exposure Suits Produce a "Race to File"? An Economic Analysis of a Tort for Risk[J/OL]. [2009 - 06 - 10] http://www. econ. uconn. edu/.

[67] Stringham Edward, White Mark D.. Economic Analysis of Tort Law: Austrian and Kantian Perspectives[J]// Oppenheimer Margaret, Mercuro Nicholas. Law and Economics: Alternative Economic Approaches to Legal and Regulatory Issues. New York: M. E. Sharpe, 2004.

[68] Visscher Louis T.. Tort Damages[J]// M. G. Faure. Encyclopedia of Law and Economics (Volume I Tort Law and Economics). 2nd ed.. Cheltenham: Edward Elgar, 2009.

[69] Sunstein Cass R.. Lives, Life-Years, and Willingness to Pay[J/OL]. University of Chicago Law & Economics, Olin Working Paper No. 191, 2003. [2009-08-04]. http://ssrn.com/abstract=421341.

[70] Friedman David. What is "Fair Compensation" for Death or Injury?[J]. International Review of Law and Economics, 1982(2).

[71] Geistfeld MarkA.. Placing a Price on Pain and Suffering: A Method for Helping Juries Determine Tort Damages for Nonmonetary Injuries[J]. California Law Review, 1995(83).

[72] O'Hara Erin, Ribstein Larry E.. From Politics to Efficiency in Choice of Law[J]. U. Chi. L. Rev., 2000(67).

[73] O'Hara Erin, Ribstein Larry E.. Conflict of Laws and Choice of Law[J]// Boudewijn Bouckaert, Gerrit De Geest. Encyclopedia of Law and Economics (Volume IX Production of Legal Rules). Cheltenham: Edward Elgar Publishing, 2000.

[74] O'Hara Erin. Economics, Public Choice and the Perennial Conflict of Laws[J/OL]. The Georgetown Law Review, 2002. [2009-08-08]. http://ssrn.com/abstract=293000.

[75] Michaels Ralf. Two Economists, Three Opinions? Economic Models for Private International Law-Cross-Border Torts as Example[J/OL]. [2009-08-10]. http://eprints.law.duke.edu/1234/1/Michaels_

Two_Economists_ - _March_2006. pdf. 2008 - 7 - 9. 16 - 19.

[76] Michaels Ralf. Private or International? Two Economic Models for Private International Law of Torts [J/OL]. Duke Law School Legal Studies Research Paper Series Research Paper No. 73, 2005. [2009 - 08 - 18]. http://ssrn.com/abstract = 788804.

[77] Kramer Larry D.. Rethinking Choice of Law [J]. Colum. L. Rev., 1990(90).

[78] Trachtman Joel P.. Conflict of Laws and Accuracy in the Allocation of Government Responsibility [J]. Vand. J. Transnat'l L., 1994(26).

[79] Brilmayer Lea. Maximizing State Policy Objectives [J]// Brilmayer Lea. Conflict of Laws. 4th ed.. Canada: Little Brown & Company Canada Limited, 1995.

[80] Solimine Michael E.. An Economic and Empirical Analysis of Choice of Law [J]. Georgia Law Review, 1989(24).

[81] Guzman Andrew T.. Choice of Law: New Foundations [J]. Geo. L. J., 2002(90).

[82] Goldsmith Jack L., Sykes Alan O.. Lex Loci Delictus and Global Economic Welfare: Spinozzi V. Ittsheraton Corp. [J]. Harvard Law Review, 2007(120).

[83] Sykes Alan O.. Transnational Tort Litigation as a Trade and Investment Issue [J]. The Journal of Legal Studies, 2008, 37(2).

[84] Allen William H., O'Hara Erin. Second Generation of Law and Economics of Conflict of Law: Baxter's Comparative Impairment and Beyond [J]. Stanford Law Review, 1999, 51(5).

[85] Borchers Patrick J.. The Choice of Law Revolution: an Empirical Study [J]. Wash. & Lee L. Rev., 1992(49).

[86] Thiel Stuart. Choice of Law and the Home Trend Advantage: Evidence[J]. American Law and Economics Review,2000(2).

[87] Ribstein Larry E.. Choosing Law by Contract [J]. J. of Corporation L. ,1993(18).

[88]Ribstein Larry E.. Delaware,Lawyer,and Contractual Choice of Law[J]. Del. J. Corp. L. ,1994(19).

[89] Trachtman Joel P.. Economic Analysis of Prescriptive Jurisdiction and Choice of Law[J/OL]. [2009 - 08 - 25]. http://ssrn.com/abstract =258183.

[90]Lantermann Katrin,Schäfer Hans-Bernd. Jurisdiction and Choice of Law in Economic Perspective[J/OL]. German Working Papers in Law and Economics,2005. [2009 - 08 - 26]. http://ssrn.com/abstract = 999613.

[91] Rühl Giesela. Methods and Approaches in Choice of Law An Economic Perspective [J]. Berkeley Journal of International Law, 2006 (24).

[92] Guido Calabresi, Douglas Melamed. Property Rules, Liability Rules, and Inalienability: One View of the Cathedral [J]. Harvard Law Review,1972(85).

[93]Colin Camerer,Samuel Issacharoff,George Loewenstein,Ted O'Donoghue, and Matthew Rabin, Regulation for Conservatives: Behavioral Economics and the Case for:"Asymmetric Paternalism"[J]. University of Pennsylvania Law Review,2003(151).

[94]Joseph H. Beale. A Treatise on the Conflict of Law[J]. New York: Baker,Voorhis & Co. ,1935(2).

[95]Willis L. M. Reese. Choice of Law in Torts and Contracts and Directions for the Future[J]. Colum. J. Transnatl L. 1977(16).

# 主要科研成果

主要成果获奖情况：

1.《法治语境下司法核心公信力探析——对公正裁判力的法理学思量》，在2012年全省法院"全面提升司法公信"征文活动中获一等奖。

2.《检视与重塑：司法公信视野下法官培训机制研究》，在2012年全省法院"全面提升司法公信"征文活动中获二等奖。

3.《试论妨碍调解成功的当事人心理偏误及排除》，在国家法官学院与汕头大学长江谈判及争议解决中心共同举办的"长江杯"诉讼调解征文中荣获一等奖（2011年）。

4.《事前效率Vs事后效率：寻求破产程序中专利实施许可合同的"适当"待遇——以经济学分析为视角》，在吉林省法院系统2011年度学术讨论会中荣获二等奖。

5.《论司法改革研究》，荣获第七届"挑战杯"山东省大学生课外学术科技作品竞赛一等奖（2001年）。

**主要论文发表情况：**

1. 《破产制度的效率分析》，载《长白学刊》2013 年第 4 期。
2. 《专利制度的效率分析》，载《行政与法》2013 年第 4 期。
3. 《法治语境下司法核心公信力探析——对公正裁判力的法理学思量》，载《河南财经政法大学学报》2013 年第 4 期。
4. 《试论妨碍调解成功的当事人心理偏误及排除》，载《法律适用》2012 年第 7 期。
5. 《检视与重塑：司法公信视野下法官培训机制研究》，载《司法研究》2012 年第 3 卷。
6. 《侵权法上因果关系之经济学分析》，载《中国经贸》2009 年第 8 期。
7. 《法治和经济学》，载《法制与社会》2009 年第 8 期。

**主要课题参与情况：**

1. 最高人民法院 2013 年度审判理论重大课题"提高司法公信力的路径和实现方式研究"：承担课题部分内容的研究和撰写工作。
2. 最高人民法院 2013 年全国法院司法统计分析重大课题"公正司法与司法公信力问题实证研究"：负责子课题"涉民生案件的审理对司法公信力的影响性分析"之研究和撰写工作。
3. 中国政法大学、吉林大学、武汉大学共同组建的全国首批"2011 计划"之一——"司法文明协同创新中心"：参与编写申报材料《司法文明协同创新中心实施方案》，系中心"司法文明理论研究创新团队"成员。

**主要参编著作情况：**

1. 吕岩峰主编：《国际私法学教程》，吉林大学出版社 2014 年版。
2. 谢地、杜莉、吕岩峰主编：《法经济学》，科学出版社 2009 年版。

# 后 记

博士毕业已有七年，而我此刻仍在求学之路上奋力前行，这一切均源于我对法学的挚爱。多年求学光阴，似短还长，如散落的书页，渐渐汇集成册，记载着点滴的回忆。书稿即将画上句号，往事却像电视剧那样一幕幕清晰地浮现在脑海，这每一幕都是爱的珍珠，让我如此的感动。

本书在我博士论文基础上修改完善而成，首先要感谢我的导师吕岩峰教授，先生治学严谨，传道、授业、解惑通达，在国际私法领域造诣深邃，当今罕有其匹。先生教导我如何治学、为人。自入学起，先生即要求学生广泛阅读法学和经济学专著，思考法学和经济学的结合点。经先生点拨，我对侵权法的经济学分析产生浓厚兴趣并选定以此为题，着手研究。期间，遇到困难也曾动摇，因有先生的肯定和帮助，我得以坚持本论题。在本书的写作过程中，从论题的设计、框架的制定直至文稿的撰写和修改，先生均倾注大量心血悉心教导。由于本论题可资借鉴的中文资料极少，须广泛涉猎英文论著。每当精神倦怠、步履维艰之时，总是先生的鼓励鞭策我奋笔疾书。先生的谆谆教诲和殷切希望，激励我完成拙作，顺利完成学业，也如清泉汩汩滋养我人生前进之路。

感谢我的博士后指导老师郝银钟教授和熊秋红教授。两位先生是德高望重的学界前辈，不以学生愚鲁而赐教，指引我结合法院工作实践，选择审判独立和司法责任制作为研究课题。在博士后课题选定、资料收集、结构修改、文稿写作方面，他们给予我最无私的指导和帮助，对本书完善集结也鼎力支持。两位先生学识渊博、视野宽广、师德高洁，他们以宽厚待人的风范、朴实无华的魅力，时刻鼓舞我追求进步。两位先生在繁忙的讲学和治学中，时刻不忘过问我的研究进程，为我答疑解惑、指点迷津。在此，感谢两位先生的指导、鞭策和关爱，我永远感念在心。

借此，我还要感谢那力教授、谢地教授和杜莉教授评阅我的博士论文，给予中肯建议。感谢求学之路上教育我、帮助我的良师诤友，感谢我的领导和同事，此生铭记。

感谢多年支持我读书的父母、爱人、兄弟姐妹，给予我无私的物质支持和精神鼓励，使我得以顺利完成博士论文、完善成书。他们默默奉献，为我提供良好的学习环境，为我解除后顾之忧。在博士论文写作期间，我的儿子出生了，他带给我莫大的幸福与快乐，给予我动力。世故推迁，年华荏苒，儿子已经成长为爱读书、有担当的男子汉，他常常提出稀奇古怪的问题，触发我的灵感，感谢与我一起成长的小宝贝。眷眷情深，反哺意切，我要以本书奉献我最亲爱的家人！

搁笔之际，耳边响起熟悉的歌声，感恩，感谢命运，花开花落，我会珍惜。

李婧

2016 年 8 月 5 日

莲花の笔耕小